Dieses Taschenbuch ist ein Bilderbogen mit Gestalten und Szenen aus der frühen Geschichte Roms:

Romulus und Remus; die Gründung der Stadt; der Kampf um die Herrschaft; der Raub der Sabinerinnen … Die drei letzten Könige: Tarquinius Priscus, Servius, Tarquinius Superbus … Die Errichtung der Republik durch Brutus … Die Geschichte der Lucretia … Die Freiheitshelden Cocles, Cloelius, Mucius Scaevola (mit der verbrannten Hand) … Coriolan … Der redliche Diktator Cincinnatus … Die Affäre um Verginia … Der Diktator Camillus; die Eroberung von Veji, die Gänse auf dem Kapitol … Titus Manlius Torquatus und die Gallier …

Titus Livius hat diese Geschichten, auf alte Berichte zurückgreifend, literarisch gestaltet und politisch-erzieherisch akzentuiert. Seither «weiß die Welt», was es mit den Römer-Tugenden auf sich hatte.

Die Übersetzung, die seiten- und absatzweise dem lateinischen Originaltext gegenübersteht, gibt nicht einfach den Inhalt der Erzählungen in möglichst glatten deutschen Sätzen wieder, sondern versucht, die oft kunstvollen Satzperioden des Livius wenigstens streckenweise nachzuahmen und auf diese Weise an den bemerkenswerten Stilisten heranzuführen.

dtv zweisprachig · Edition Langewiesche-Brandt

TITVS LIVIVS

EXEMPLA ROMANA

BEISPIELE AUS DER RÖMISCHEN GESCHICHTE

Einführung und Übersetzung von Markus Seiler

Deutscher Taschenbuch Verlag

München, August 1986
Originalausgabe
Umschlaggestaltung: Celestino Piatti
Gesamtherstellung: Kösel, Kempten
ISBN 3-423-09215-7. Printed in Germany

Einführung

Biographisches

Über das Leben des Livius wissen wir kaum etwas Verläßliches. Einer der Gründe dafür ist sicher, daß er selbst keine Angaben über sich macht. Es gibt aber auch keine antike Biographie über Livius. Höchstwahrscheinlich ist sein Leben ganz unspektakulär verlaufen, zumal er keinerlei politische Ämter innegehabt hatte. Die überlieferten Daten beruhen auf den Bemerkungen des Hieronymus, die aber nur bedingt richtig sind. Es war lange üblich, für Livius 59 v. Chr. als Geburtsjahr und 17 n. Chr. als Todesjahr anzusetzen, wobei man – gemäß Hieronymus – nie daran zweifelte, daß er 75 Jahre alt geworden ist. Doch gibt es gute Gründe für eine Rückverschiebung um etwa 5 Jahre, also etwa 64 v. Chr. und 12 n. Chr. Wie auch immer, Livius war jedenfalls Zeitgenosse des Kaisers Augustus. Weiter weiß man, daß er aus Patavium (Padua) stammte und dort auch gestorben ist. Ausgehend von der Bemerkung Quintilians (8.1.2), daß Asinius Pollio an Livius die *patavinitas* tadelte, also die provinziell durchsetzte Ausdrucksweise, hat man gesucht, was wohl genau damit gemeint sei. Einen Hinweis dazu gibt uns Plinius (epist. I.14.6) mit *severitas*, also «strenge Würde». Doch steht die Bemerkung Quintilians in stilistischem Zusammenhang, und letztlich ist immer noch nicht recht klar, was Pollio eigentlich getadelt hat. Sicher jedoch trifft die *severitas* auf die Haltung und das Denken des Livius zu.

Ferner gibt es eine Inschrift, die wohl seine Grabschrift ist. Sie läßt vermuten, daß Livius nicht in Rom leben wollte; man kann annehmen, daß er nicht allzu häufig und nicht allzu lange in Rom gewesen ist, da seine topographischen Angaben über Rom mitunter ungenau sind. Ob er größere Reisen unternommen hat, ist fraglich; sein Text läßt kaum die Annahme zu, daß er die von ihm beschriebenen Schauplätze selbst gesehen hat. Jedenfalls war er der erste römische *rerum scriptor*

ohne eigene politische oder militärische Erfahrung. Er hat anscheinend als Außenstehender, sozusagen als Unbeteiligter die Geschichte Roms geschrieben und, durch keinerlei politische Verpflichtungen gebunden, nur die Erhabenheit des Gesamten vor Augen gehabt.

Das Werk des Livius

Von den insgesamt 142 verfaßten Büchern (ab urbe condita libri) sind nur die Bücher 1–10 und 21–45 erhalten, das heißt: die Geschichte Roms von den ersten Anfängen bis zum Jahre 293 v. Chr. und dann wieder vom Zweiten Punischen Krieg (218 v. Chr.) bis zum Sieg bei Pydna (167 v. Chr.). Das Werk endete ursprünglich mit dem Jahre 9 v. Chr.. Vom heutigen Standpunkt aus gesehen ist dieser Schluß, der Tod des Drusus, nicht überzeugend, und seit Nissen wurde immer wieder angenommen, Livius habe die römische Geschichte bis Augustus darstellen wollen und der Tod habe ihm dann die Feder aus der Hand genommen. Wahrscheinlicher ist wohl, daß Livius zunächst mit dem 133. Buch beim Jahre 31 v. Chr. enden und die Regierungszeit des noch lebenden Princeps vorerst unangetastet lassen wollte. Er war zwar wie viele seiner Zeitgenossen der Ansicht, daß die leidvolle Geschichte Roms in Augustus nun endlich den ruhmvollen Höhepunkt erlebe, doch wagte er sich wohl nicht an die Beschreibung eines Lebens, das noch nicht abgeschlossen war.

Eine durchgehende Einteilung in Dekaden und Halbdekaden läßt sich nicht nachweisen, wie sehr auch die Bücher 1–5, 6–10, 21–30 und 31 ff. in einen solchen Plan hineinpassen. Vielleicht hat Livius dieses Prinzip nur für die ersten drei Dekaden angewendet und später wieder aufgegeben. Jedenfalls veröffentlichte er sein Werk nicht auf einmal, sondern nach und nach die ersten Bücher (1–5) vor 25 v. Chr., also zu einer Zeit, als Oktavian bereits seine höchste Ehrung erfahren und den Titel Augustus angenommen hatte. Die letzten Bücher (ab 121) erschienen erst nach dem Tod des Augustus, also nach 14 n. Chr., woraus man aber nicht unbedingt schließen muß, daß Livius länger als bis 14 n. Chr. gelebt habe.

Auch andere Schriften des Livius hat es gegeben: Dialoge, die ebensoviel Geschichtliches wie Philosophisches enthielten, und rein philosophische Schriften; Quintilian erwähnt einen Brief des Livius an seinen Sohn, worin er ihm Demosthenes und Cicero des Stils wegen zur Lektüre empfiehlt.

Was beabsichtigte Livius mit seiner Darstellung der römischen Geschichte? Wie er selbst im Vorwort ausdrücklich formuliert, will er vor allem nachahmenswerte, aber auch abschreckende Beispiele zeigen; dabei geht es einerseits um das exemplarische Ereignis an sich, andrerseits um die passende Darstellung dieses Ereignisses. Mit anderen Worten: die an sich längst bekannten Beispiele, vor allem die vorbildhaften, will er so erzählen, daß dabei zur Geltung kommt, was ihm wichtig ist: Selbstdisziplin, Mut in Gefahr, Wille zur Freiheit, Dienst an der Gemeinschaft, bäuerlich einfache Lebensweise, ehrliches, in Übereinstimmung mit dem Göttlichen ruhendes Vertrauen zueinander. In den Großen der Geschichte zeigen sich *virtus, mos maiorum, parsimonia, pietas, fides, honor, dignitas, res publica.* Livius glaubt, daß eine solche Art zu leben dem Gemeinwesen, dem Staate dient, und er sieht die Ereignisse der römischen Geschichte als Wirkungen solchen Lebens. Für Livius haben letztlich die Römertugenden zum *imperium populi Romani* geführt, zur Herrschaft Roms über alle Völker, welche nach Meinung der Zeitgenossen in Augustus erfüllt war. Dies deutlich darzustellen, ist der tiefere Sinn des livianischen Werkes. Wenn Livius die historischen Fakten, deren er übrigens selbst nicht sicher war, da und dort nicht so genau dargestellt hat wie wir das in heutiger Sicht gerne hätten, so liegt das an dieser Betrachtungsweise. Es geht ihm nicht um Rekonstruktion der Wirklichkeit, sondern um das Aufzeigen des Bedeutsamen. Wenn dies in gewissem Sinne auch für die Vorgänger zutrifft, so findet es sich doch bei keinem anderen so unaufdringlich überzeugend wie bei Livius. Somit ist die Hauptleistung des Livius eine literarische, ja ethische, keine historisch-wissenschaftliche, und wir müssen uns hüten, ihm deswegen allfällige Vorwürfe zu machen.

Von den schriftstellerischen Tätigkeiten war in Rom das Dichten lange Zeit weniger geachtet als das dem praktischen Nutzen dienende Aufschreiben wichtiger Gegenstände in Prosa, wie etwa das Fixieren von Gesetzen oder Senatsbeschlüssen oder das stichwortartige Notieren von Ereignissen des vergangenen Jahres. Schreiben und das Veröffentlichen als Ergebnis einer geistigen Bemühung, Literatur als Denkanstoß oder als ethische Richtungsweisung: das war in Rom zunächst nicht heimisch. Eine Geschichtsschreibung wurde nur insofern entwikkelt, als es einem praktischen Bedürfnis entsprach, und dieses beschränkte sich fast ganz auf religiöse Gepflogenheiten. Den *pontifices* kam die Aufgabe zu, den Kalender für das laufende Jahr zu machen, die Festtage für jeden Monat festzusetzen und so der profanen Zeit den religiösen Halt zu geben. Bei diesen Gelegenheiten dürfte der Wunsch entstanden sein, im Nachhinein festzuhalten, welche besonderen Ereignisse im Laufe des vergangenen Jahres geschehen waren, z. B. welche Tage unheilvoll gewesen waren, ob Mond- und Sonnenfinsternisse stattgefunden hatten, welche Vorzeichen beobachtet worden waren, welche Beamten fungiert hatten und ob es eine Teuerung gegeben hatte. Über Jahrhunderte hinweg blieb diese dürftige, stichwortartige Notiz, auf Tafeln gemalt und so der Öffentlichkeit zur Einsicht angeboten, die einzige schriftliche Fixierung des Vergangenen. Es ist anzunehmen, daß diese *annales* (Jahresberichte) in keiner Weise irgendeine literarische Gestaltung aufwiesen.

Eine weitere Wurzel hat die römische Geschichtsschreibung sicher in der Familientradition, Taten und Ereignisse berühmter Familienmitglieder immer wieder in Erinnerung zu rufen, schließlich schriftlich zu fixieren. Diese Ereignisse in rhetorischer Form darzustellen bot die *laudatio funebris* auf dem Forum gute Gelegenheit. Solche Reden dürfen wohl schon zu Beginn des 3. Jahrhunderts v. Chr. schriftlich niedergelegt, doch kaum veröffentlicht worden sein.

Der eigentliche Beginn der römischen Geschichtsschreibung muß mit der schriftstellerischen Tätigkeit des Q. Fabius

Pictor angesetzt werden, der vermutlich nach dem Zweiten Punischen Krieg, also im ausgehenden 3. Jahrhundert v. Chr., eine recht umfangreiche Darstellung der Ereignisse aus römischer Sicht verfaßte. Das Besondere und Bezeichnende dieser Veröffentlichung liegt einerseits darin, daß Fabius nicht etwa lateinisch, sondern griechisch schrieb, andrerseits darin, daß er ein angesehener Senator war, wodurch sein Werk politischen Charakter erhielt. Der eigentliche Zweck war nämlich der, eine Gegenpropaganda gegen die zeitgenössischen Darstellungen griechischer Autoren zu verfassen. Nicht den Mitbürgern in Rom mußten die Verhältnisse dargestellt werden, die sie ja aus eigener Anschauung kannten; den griechischen Lesern Unteritaliens und Siziliens, welche davon nur Ungenügendes von ihren Historikern erfahren konnten, mußte die für Rom richtig scheinende Darstellung nahegebracht werden.

Es ist hier nicht der Ort, die verschlungenen Wege der uneinheitlichen Entwicklung in der römischen Geschichtsschreibung darzulegen; es muß genügen, ein paar Andeutungen zu machen. Nach Fabius' griechischer Schrift, nach den Epen des Naevius und des Ennius dauerte es noch Generationen, bis die erste lateinische Prosaschrift geschichtlichen Inhalts geschaffen wurde: die *origines* des M. Porcius Cato (Darstellung der geschichtlichen Grundlagen des damaligen römischen Staates). Catos fand keine ebenbürtigen Nachfolger. Cassius Hemina interessierte sich mehr für Altertümliches, Sagenhaftes, Merkwürdiges; Calpurnius Piso legte Gewicht auf Anekdotisches. Beide trugen kaum zur Erhellung der eigentlichen Ereignisse bei. C. Fannius schrieb aus eigenem Erleben und mit staatsmännischem Blick Zeitgeschichte, ebenso Sempronius Asellio, beide dem letzten Viertel des 2. Jahrhunderts v. Chr. angehörend und beide von Polybios' Art der pragmatischen Geschichtsschreibung beeinflußt. Einen ganz neuen Akzent setzte Coelius Antipater: er beschränkte sich auf ein Thema, nämlich den Zweiten Punischen Krieg; wie ein dramatisches Geschehen schildert er dem Leser die Ereignisse; er rückt damit in die Nähe des ennianischen Epos; seine Art zu schreiben wird später von Livius zum Teil wieder aufgenommen.

Haben diese und andere Schriftsteller (man nennt sie die «älteren Annalisten») keine einheitliche Auffassung von der Gattung «Geschichtsschreibung» erreicht, so nehmen nun die sogenannten «jüngeren Annalisten», Claudius Quadrigarius, Licinius Macer, Valerius Antias, einen eher unrühmlichen Platz in der Reihe der römischen Historiker ein. Ganz im Gegensatz zu Catos Auffassung, Heldentum sei ohne Namensnennung nur um der Sache willen darzustellen, schreiben diese Autoren hauptsächlich zur Verherrlichung ruhmreicher Familien, und einige Legenden, jahrhundertelang in Familienarchiven überlebend, fanden in dieser Zeit ihre letzte und zusammenhängende Darstellung, so daß sie fortan als Geschichte zu gelten hatten. Man kann davon ausgehen, daß gutes Quellenmaterial in der Umformung dieser Autoren verdorben worden ist; nicht zuletzt wurden auch Zahlenangaben massiv verfälscht. Die recht großen Lücken im Wissen von den Ereignissen der früheren Republik haben diese Autoren noch mehr als ihre Vorgänger ausgefüllt, oft genug parteipolitisch tendenziös.

Von den späteren Autoren sei zuerst noch kurz an Caesar erinnert, der aus den sonst trockenen *commentarii* echte Literatur gemacht hat, freilich die Ereignisse ganz auf seine Person zu beziehen wußte, ferner an Sallust, der wieder eine neue Sicht der römischen Vergangenheit gebracht hat, nämlich die Einbeziehung der Ereignisse in einen einzigen großen Zusammenhang, den Verfall; zugleich ist Sallust der philosophischste aller römischen Geschichtsschreiber.

Wo steht nun Livius? Es lag für ihn nahe, auch für die weit zurückliegenden Jahrhunderte jene Quellen zu benutzen, die in interessanter Erzählart darüber berichteten, nämlich die jüngeren Annalisten. Für die erste Dekade gelten ihm vor allem Valerius Antias und Licinius Macer als Quellen, für die späteren Bücher dann Polybios nebst einigen anderen. Man hat Livius immer vorgeworfen, er sei seinen Quellen gegenüber zu unkritisch gewesen, und darauf hingewiesen, daß einerseits die jüngeren Annalisten keineswegs zuverlässig sind, andererseits dem Livius recht oft Abweichungen von seinen Quellen nachgewiesen werden können. Doch zeigt sich gerade hier seine

schriftstellerische Absicht. Leider läßt sich ein direkter Vergleich nur schwer durchführen, da die Quellenautoren für uns so gut wie verloren sind; eine Stelle (Liv. 7.9f.), die Episode, bei der T. Manlius zu seinem Beinamen Torquatus kommt, kann mit dem Text des Q. Claudius Quadrigarius verglichen werden (erhalten bei Gell. 9.13); doch macht allein dieser Vergleich deutlich genug, daß Livius etwas ganz anderes und neues im Sinne hat, nämlich die schlichte, aufs Wahrscheinlichste reduzierte Handlung, ebenso die Darstellung einer kämpferischen Haltung, in der der Wille zur Wahrheit, zur Selbstdisziplin, zum gerechten Handeln, eben *virtus*, die zentrale Rolle spielt, nicht das spektakuläre, effektvolle Ereignis.

Livius' Umgang mit den Quellen ist keineswegs unkritisch; oft versichert er dem Leser, daß er genau abgewogen habe, was am ehesten wahrscheinlich ist; dieses Verfahren unterscheidet ihn deutlich von allen seinen Vorgängern. Er war weder darauf bedacht, noch können wir ihn im Nachhinein dazu verpflichten, ein Forscher im modernen Sinne zu sein; er hatte mehr die künstlerische als die historische Leistung als Ziel vor Augen, zum Ruhme der Nation. Ständig durchwirkt ist sein Werk von einer tief religiösen Haltung, hierin ist er Vergil an die Seite zu stellen.

Um all diese Intentionen gebührend darstellen zu können, bedurfte die lateinische Prosa einer gewissen Erweiterung der Ausdrucksweise. Livius hat dazu den ihm eigenen Stil entwikkelt; kein anderer Prosaautor ist ihm in der Diktion vergleichbar. Am nächsten steht ihm trotz dem Unterschied von Poesie und Prosa doch Vergil. Beiden eignet eine durch Meisterschaft geklärte Transparenz, beide fühlen sich eher im Bereich des Numinosen heimisch, beide suchen und finden in ihren Gestalten das Beispielhafte. Daß poetische Elemente in Wortwahl, Formulierungen und onomatopoetische Wirkungen in den früheren Büchern bei Livius stärker auftreten als in den späteren, liegt wohl am Stoff, nicht an einem unbewußten Stilwandel des Autors. Die Nähe zur Poesie, vor allem der vergilischen, ist jedoch unverkennbar.

Wirkungsgeschichte

Einige andeutende Hinweise auf das Fortleben des Livius mögen zeigen, wie er im Laufe der Zeit sehr unterschiedliches Verständnis erfahren hat. Nach der wohlwollenden Aufnahme bald nach der ersten Veröffentlichung wurde er von den Zeitgenossen als *die* Autorität anerkannt; Livius wurde geschichtlicher interpretiert, als er es selber angestrebt hatte. Diese Anerkennung bewirkte einerseits, daß seine Vorgänger schnell in Vergessenheit gerieten, was wir heute bedauern, andrerseits, daß er kaum Nachfolger fand. Zugleich machte man von dem Riesenwerk bald einmal Auszüge (Epitomai) oder gar nur Inhaltsangaben (Periochai), dank deren wir über die heute verlorenen Bücher einigermaßen Bescheid wissen. Erhalten ist z. B. eine Epitome von etwa 300 n. Chr. und eine Periocha aus dem 4. Jahrhundert. Lucan und Silius Italicus, Valerius Maximus, Frontin und Florus holten sich ihr historisches Wissen aus Livius; ebenso hielten sich griechische Autoren wie Dio Cassius und Plutarch an den römischen Historiker. Am Ende des 4. Jahrhunderts lag vermutlich noch das ganze Werk vor; Q. Aurelius Symmachus und sein Kreis bemühten sich um eine Neuausgabe des Livius ebenso wie um die des Vergil und anderer klassischer Autoren. Noch im 5. und 6. Jahrhundert muß mehr von dem Werk des Livius vorhanden gewesen sein, als wir heute besitzen. Im Mittelalter wurde Livius zwar gelesen, doch wenig verstanden. So ging das meiste in dieser Zeit verloren. Dante war wohl der erste, der ihn wieder schätzte. Die Renaissance brachte dem, was sie vom Text noch vorfand (gegenüber dem heutigen Bestand fehlten damals hauptsächlich die Bücher 41–45) großes Interesse entgegen. Man nahm die Schilderungen, zumal sie eindrücklicher waren als andere, für bare historische Wahrheit. Vom 16. Jahrhundert an wurden berühmte Szenen aus Livius immer wieder in der bildenden Kunst dargestellt; die dramatische Literatur war wohl eher von Plutarch genährt.

Die eigentliche philologische und gleichzeitig historische Arbeit am Liviustext begründete J. F. Gronovius mit der Ausgabe von 1645. Die negative Beurteilung der römischen

Expansionspolitik durch Herder und Hegel taten dem Ansehen des Livius noch keinen großen Abbruch. Erst als die Forscher des 19. Jahrhunderts (Nissen, B. G. Niehbur) nachdrücklich auf historische Unwahrscheinlichkeiten hinwiesen, wurde der ganze Livius verworfen. Zwar gestand man ihm stilistische Kunst zu, doch stufte man den Quellenwert des Geschichtswerks niedrig ein. Dieses Urteil ist heute weitgehend revidiert; die gemeinsamen Erkenntnisse von Literaturkritik, Geschichte und Archäologie zeigen doch größere Übereinstimmung der livianischen Darstellung, als man früher annahm.

Das vorliegende Taschenbuch verfolgt in erster Linie einen stilistischen Zweck. Die Übersetzung sollte nicht nur den Inhalt der ausgewählten Abschnitte wiedergeben, sondern vor allem auf die differenzierte Faktur des lateinischen Textes aufmerksam machen. Es sollte ein akzeptabler Mittelweg zwischen der Verdeutlichung der livianischen Sätze und einer natürlichen deutschen Sprechweise gefunden werden; nach Möglichkeit sollte von der Prägnanz und Leuchtkraft des Originals, die auch in komplizierten Perioden durchaus vorhanden sind, einiges gewahrt bleiben, wobei noch der recht großen Gefahr, ins Pathetische zu verfallen, auszuweichen war. Nicht immer waren alle selbstgesetzten Ziele zu erreichen; der aufmerksame Leser wird Kompromisse und Notlösungen entdekken; doch dürfte er an Hand dieser Übersetzung – vielleicht da und dort im Widerspruch zu ihr – näher an Livius herankommen.

Facturusne operae pretium sim, si a primordio urbis res populi Romani perscripserim, nec satis scio nec, si sciam, dicere ausim, quippe qui cum veterem tum volgatam esse rem videam, dum novi semper scriptores aut in rebus certius aliquid allaturos se aut scribendi arte rudem vetustatem superaturos credunt. utcumque erit, iuvabit tamen rerum gestarum memoriae principis terrarum populi pro virili parte et ipsum consuluisse; et si in tanta scriptorum turba mea fama in obscuro sit, nobilitate ac magnitudine eorum me, qui nomini officient meo, consoler. res est praeterea et immensi operis, ut quae supra septingentesimum annum repetatur et quae ab exiguis profecta initiis eo creverit, ut iam magnitudine laboret sua; et legentium plerisque haud dubito quin primae origines proximaque originibus minus praebitura voluptatis sint, festinantibus ad haec nova, quibus iam pridem praevalentis populi vires se ipsae conficiunt; ego contra hoc quoque laboris praemium petam, ut me a conspectu malorum quae nostra tot per annos vidit aetas, tantisper certe dum prisca illa tota mente repeto, avertam, omnis expers curae quae scribentis animum etsi non flectere a vero sollicitum tamen efficere posset.

Quae ante conditam condendamve urbem poeticis magis decora fabulis quam incorruptis rerum gestarum monumentis traduntur, ea nec adfirmare nec refellere in animo est. datur haec venia antiquitati, ut miscendo humana divinis primordia urbium

VORWORT

Ob mein Tun sich lohnen wird, wenn ich nun die Entwicklung der römischen Nation seit den ersten Anfängen der Stadt im einzelnen beschreiben werde, weiß ich nicht so ganz; auch wenn ich es wüßte, wagte ich es nicht zu behaupten, da ich mir bewußt bin, daß schon seit alters her und oft darüber geschrieben worden ist, und immer wieder glauben Schriftsteller, entweder sachlich mehr Klarheit bringen oder aber stilistisch die Derbheit der Alten überwinden zu können. Wie dem auch sei, es wird für mich eine Genugtuung sein, die Erinnerung an die Leistungen der führenden Nation der Welt gefördert zu haben, soweit ein einzelner Mann das vermag; bleibt bei der großen Anzahl von Schriftstellern mein Ruhm im Dunkeln, so tröste ich mich mit der Berühmtheit und Größe derer, die meinen Namen einst in den Schatten stellen werden. Übrigens bedeutet die Sache selbst eine gewaltige Arbeit, was verständlich wird, wenn man bedenkt, daß dies alles über siebenhundert Jahre zurückreicht, sich aus bescheidenen Anfängen entwickelt hat und nun dermaßen gewachsen ist, daß schon die Größe an sich zu einer Last wird. Was die Leser betrifft, so bin ich eigentlich sicher, daß die Geschichte der ersten Ursprünge und die der unmittelbar nachfolgenden Zeit den meisten nicht viel Vergnügen bereitet, wollen doch alle nur schnell die jüngsten Ereignisse lesen; dabei zerreiben sich gerade hier die Kräfte der Nation, die bis jetzt immer allen überlegen war. Ich dagegen suche den Lohn meiner Arbeit darin, daß ich den Blick von den Greueln abwende, die unsere Zeit jahrelang mitansehen mußte; jedenfalls so lange, wie ich mich voll und ganz jenen uralten Geschehnissen widme, frei von jeglicher Sorge, die einen Schreibenden – wenn nicht gerade von der Wahrheit abbringen, so doch beunruhigen kann.

Was aus der Zeit vor der Gründung und vor der Planung der Stadt eher in dichterischen Erzählungen als durch unbestechliche Zeugnisse wirklichen Geschehens überliefert ist, möchte ich weder bestätigen noch widerlegen. Der Urzeit mag man es zugestehen, menschliches Tun ins Göttliche zu rücken, um so dem Ursprung einer Stadt mehr Weihe zu

augustiora faciat; et si cui populo licere oportet consecrare origines suas et ad deos referre auctores, ea belli gloria est populo Romano, ut cum suum conditorisque sui parentem Martem potissimum ferat, tam et hoc gentes humanae patiantur aequo animo quam imperium patiuntur. sed haec et his similia, utcumque animadversa aut existimata erunt, haud in magno equidem ponam discrimine; ad illa mihi pro se quisque acriter intendat animum, quae vita, qui mores fuerint, per quos viros quibusque artibus domi militiaeque et partum et auctum imperium sit; labante deinde paulatim disciplina velut dissidentes primo mores sequatur animo, deinde ut magis magisque lapsi sint, tum ire coeperint praecipites, donec ad haec tempora, quibus nec vitia nostra nec remedia pati possumus, perventum est. hoc illud est praecipue in cognitione rerum salubre ac frugiferum: omnis te exempli documenta in inlustri posita monumento intueri; inde tibi tuaeque rei publicae quod imitere capias, inde foedum inceptu foedum exitu quod vites.

Ceterum aut me amor negotii suscepti fallit aut nulla unquam res publica nec maior nec sanctior nec bonis exemplis ditior fuit, nec in quam civitatem tam serae avaritia luxuriaque immigraverint, nec ubi tantus ac tam diu paupertati ac parsimoniae honos fuerit. adeo quanto rerum minus, tanto minus cupiditatis erat; nuper divitiae avaritiam et abundantes voluptates desiderium per luxum atque libidinem pereundi perdendique omnia invexere. sed querelae, ne
16 tum quidem gratae futurae, cum forsitan
17 necessariae erunt, ab initio certe tantae or-

verleihen. Wenn es denn einer Nation erlaubt ist, ihr Werden zu verherrlichen und auf göttliches Wollen zurückzuführen, dann sicher der römischen: ihr Kriegsruhm läßt es alle Völker der Erde ebenso gelassen hinnehmen, daß Rom zum eigenen Vater und zum Vater seines Gründers keinen geringeren als den Mars erhebt, wie sie die römische Herrschaft hinnehmen. Doch lege ich nicht allzugroßen Wert darauf, wie man diese oder ähnliche Gedanken auffaßt oder was man davon hält; hingegen möchte ich doch ganz gerne, daß jeder seine Aufmerksamkeit darauf richte, was für ein Leben, was für Lebensgewohnheiten man gehabt hat und durch welche Männer, mit welchen Eigenschaften und Fähigkeiten innen- und außenpolitisch die Herrschaft errungen und erweitert worden ist. Sodann möge er verfolgen, wie allmählich die Disziplin abbröckelte, wie die Ideale zunächst verblaßten, dann immer mehr zerfielen und schließlich ganz zugrunde gingen, bis es endlich zu den Ereignissen unserer Zeit gekommen ist, in welcher wir weder unsere eigenen Verfehlungen noch die dagegen gerichteten Maßnahmen zu ertragen vermögen. Bei der Beschäftigung mit Geschichte ist vor allem dies heilsam und fruchtbar: du findest darin lehrhafte Beispiele jeglicher Art, dargestellt an eindrücklichen und denkwürdigen Ereignissen. Du kannst für dich und die Staatsführung entnehmen, was nachahmenswert ist, aber auch, was mit Schande begann und mit Schande endete, was du also vermeiden solltest.

Nun: entweder täuscht mich die Bindung an das angefangene Werk – oder es war wirklich nie ein anderes Staatswesen jemals größer, den Göttern enger verbunden, reicher an guten Beispielen; in keine andere Gesellschaft sind Besitzstreben und Wohlleben so spät eingedrungen; nirgendwo sonst standen Einfachheit und Sparsamkeit so lange und so hoch in Ehren. Je weniger Güter es gab, desto weniger Begehrlichkeit gab es; in neuerer Zeit brachte der Reichtum die Raffgier, und übermäßige Genußsucht brachte die Lust, in Saus und Braus zugrunde zu gehen und alles ins Verderben zu reißen. Doch sollen Klagen, die nicht einmal dann willkommen sind, wenn sie nötig sein möchten, zu Beginn eines derart großen Vor-

diendae rei absint: cum bonis potius ominibus votisque et precationibus deorum dearumque, si, ut poetis, nobis quoque mos esset, libentius inciperemus, ut orsis tantum operis successus prosperos darent.

MAXIMI IMPERII INITIVM

Cupido urbis condendae

I.3.10 Is Numitorem atque Amulium procreat; Numitori, qui stirpis maximus erat, regnum vetustum Silviae gentis legat. plus tamen vis potuit quam voluntas patris aut verecundia aetatis: pulso fratre Amulius regnat. addit sceleri scelus; stirpem fratris virilem interimit, fratris filiae Reae Silviae per speciem honoris, cum Vestalem eam legisset, perpetua virginitate spem partus adimit.

4.1 Sed debebatur, ut opinor, fatis tantae origo urbis maximique secundum deorum opes imperii principium.

vi compressa Vestalis cum geminum partum edidisset, seu ita rata seu quia deus auctor culpae honestior erat, Martem incertae stirpis patrem nuncupat. sed nec di nec homines aut ipsam aut stirpem a crudelitate regia vindicant; sacerdos vincta in custodiam datur, pueros in profluentem aquam mitti iubet.

Forte quadam divinitus super ripas Tiberis effusus lenibus stagnis nec adiri usquam ad iusti cursum poterat amnis et posse quamvis languida mergi aqua infantes spem ferentibus dabat. ita uelut defuncti regis imperio in proxima alluvie, ubi nunc ficus

habens fern bleiben; ich möchte mein Werk lieber mit allen guten Wünschen und mit Gebeten zu Göttern und Göttinnen beginnen, sofern dies wie den Dichtern auch mir gestattet ist, daß sie dem erst begonnenen Werk günstigen Fortgang schenken.

DER ANFANG DES GRÖSSTEN REICHES

Das Verlangen, eine Stadt zu gründen

Dieser zeugte die Söhne Numitor und Amulius; dem Numitor, welcher der Stammesälteste war, vermachte er die alte Königsmacht der Silvius-Sippe. Doch Gewalt war stärker als der Wille des Vaters oder die Ehrfurcht vor dem Alter: Mit dem Sturz des Bruders übernahm Amulius die Herrschaft. Dieser Untat fügte er eine zweite hinzu: Die männlichen Nachkommen des Bruders ließ er beseitigen; der Tochter des Bruders, Rea Silvia, nahm er unter dem Schein der Ehrung durch ewige Jungfräulichkeit jede Hoffnung auf Kinder, da er sie zur Vestalin bestimmt hatte.

Aber die Gründung einer so bedeutenden Stadt und der Beginn des mit der Hilfe der Götter wahrhaft großen Reiches war, wie ich meine, dem Schicksal zu verdanken. Als die Vestalin, vergewaltigt, Zwillinge geboren hatte, bezeichnete sie den Mars als den Vater der unerklärlichen Nachkommenschaft – entweder, weil sie es selber glaubte, oder weil ein Gott als Anlaß einer Verfehlung weniger Schande bringt. Aber weder Götter noch Menschen konnten sie und ihre Nachkommen vor der Grausamkeit des Königs bewahren: die Priesterin wurde gefesselt in Gewahrsam gebracht; die Jungen sollten, so befahl er, der Strömung des Flusses überantwortet werden.

Durch einen von göttlicher Macht gelenkten Zufall war der Tiber über die Ufer getreten und war, da sich stehendes Wasser gebildet hatte, zum eigentlichen Lauf nicht zugänglich; so konnten die, welche die Säuglinge dorthin brachten, nur darauf hoffen, daß sie auch im trägen Gewässer ertrinken würden. Um sich des königlichen Auftrags irgendwie zu entledigen,

Ruminalis est – Romularem vocatam ferunt, – pueros exponunt. vastae tum in his locis solitudines erant. tenet fama cum fluitantem alveum, quo expositi erant pueri, tenuis in sicco aqua destituisset, lupam sitientem ex montibus qui circa sunt ad puerilem vagitum cursum flexisse; eam submissas infantibus adeo mitem praebuisse mammas, ut lingua lambentem pueros magister regii pecoris invenerit – Faustulo fuisse nomen ferunt;

ab eo ad stabula Larentiae uxori educandos datos. sunt qui Larentiam volgato corpore lupam inter pastores vocatam putent; inde locum fabulae ac miraculo datum.

Ita geniti itaque educati, cum primum adolevit aetas, nec in stabulis nec ad pecora segnes venando peragrare saltus. hinc robore corporibus animisque sumpto iam non feras tantum subsistere, sed in latrones praeda onustos impetus facere pastoribusque rapta dividere et cum his crescente in dies grege iuvenum seria ac iocos celebrare.

5.1 Iam tum in Palatio monte Lupercal hoc fuisse ludicrum ferunt, et a Pallanteo, urbe Arcadica, Pallantium, dein Palatium montem appellatum; ibi Euandrum, qui ex eo genere Arcadum multis ante tempestatibus tenuerit loca, sollemne allatum ex Arcadia instituisse, ut nudi iuvenes Lycaeum Pana venerantes per lusum atque lasciviam currerent, quem Romani deinde vocarunt Inuum. huic deditis ludicro cum sollemne notum esset insidiatos ob iram praedae amissae latrones, cum Romulus vise defendisset, Remum cepisse, captum

setzten sie die Knaben in der nächstbesten Wasserlache aus, da wo jetzt der Ruminalische Feigenbaum steht; er soll früher «der Romularische» geheißen haben. Weit erstreckte sich damals in dieser Gegend das Ödland. Als das seichte Wasser den hin- und herschwimmenden Behälter, in dem die Knaben ausgesetzt waren, auf dem Trockenen abgesetzt hatte, soll – so behauptet die Sage – eine Wölfin, durstig von den nahen Bergen her kommend, sich dem kindlichen Wimmern zugewendet haben; sie habe dann den Säuglingen so sanft ihre Zitzen hingehalten, daß der Aufseher über die Schafherden des Königs – sein Name soll Faustulus gewesen sein – sie gefunden habe, wie sie mit der Zunge die Knaben beleckte; von ihm seien sie dann zum Standplatz der Herde gebracht und dort seiner Frau Larentia zum Aufziehen übergeben worden. Es gibt welche, die nehmen an, Larentia habe bei den Hirten «Wölfin» geheißen, da sie ihren Körper öffentlich preisgegeben hatte; dies sei der Anlaß zu der merkwürdigen Geschichte gewesen.

So verlief ihre Geburt und ihre Kindheit; als sie heranwuchsen, waren sie bei den Ställen und draußen auf der Weide nicht müßig, und sie durchstreiften jagend die Viehtriften. Da sie sich so körperlich und geistig kräftigten, vermochten sie nicht nur wilden Tieren entgegenzutreten, sondern sie führten auch Angriffe auf beutebeladene Räuber aus, teilten dann mit den Hirten das Geraubte und trieben mit ihnen Ernstes und Heiteres, während der Haufen junger Leute von Tag zu Tag zunahm.

Schon damals soll auf dem Palatium das Lupercal für ausgelassene Veranstaltungen bestanden haben; dieser Hügel soll nach Pallanteum, einer Stadt in Arkadien, zunächst «Pallantium», später dann «Palatium» benannt worden sein. Dort habe nämlich Euander, der aus eben jenem arkadischen Geschlecht stammte und seit Generationen hier der Grundherr war, diese aus Arkadien mitgebrachte Feierlichkeit begründet, nämlich daß leicht bekleidete junge Männer vergnügt und ausgelassen umherrannten und so den lykäischen Pan verehrten, den die Römer dann «Inuus» nannten. Als sie sich einst diesem Spiele widmeten, hätten die Räuber, nachdem das Fest allgemein bekannt war, sie aus Wut über den Verlust ihrer Beute überfallen; da Romulus sich heftig verteidigte, hätten sie

regi Amulio tradidisse, ultro accusantes. crimini maxime dabant in Numitoris agros ab iis impetus fieri; inde eos collecta iuvenum manu hostilem in modum praedas agere. sic Numitori ad supplicium Remus deditur.

Iam inde ab initio Faustulo spes fuerat regiam stirpem apud se educari; nam et expositos iussu regis infantes sciebat et tempus, quo ipse eos sustulisset, ad id ipsum congruere; sed rem immaturam nisi aut per occasionem aut per necessitatem aperiri noluerat. necessitas prior venit; ita metu subactus Romulo rem aperit. forte et Numitori cum in custodia Remum haberet audissetque geminos esse fratres, comparando et aetatem eorum et ipsam minime servilem indolem, tetigerat animum memoria nepotum; sciscitandoque eo demum pervenit, ut haud procul esset quin Remum agnosceret. ita undique regi dolus nectitur.

Romulus non cum globo iuvenum – nec enim erat ad vim apertam par – sed aliis alio itinere iussis certo tempore ad regiam venire pastoribus ad regem impetum facit; et a domo Numitoris alia comparata manu adiuvat Remus. ita regem obtruncat.

6.1 Numitor inter primum tumultum, hostes invasisse urbem atque adortos regiam dictitans, cum pubem Albanam in arcem praesidio armisque obtinendam avocasset, postquam iuvenes perpetrata caede pergere ad se gratulantes vidit,

extemplo advocato concilio scelera in se fratris,originem ne-
22 potum, ut geniti, ut educati, ut cogniti
23 essent, caedem deinceps tyranni seque eius

den Remus gefaßt, als Gefangenen dem Amulius übergeben und dazu noch beschuldigt. Als Hauptpunkt der Anklage nannten sie die Angriffe, die beide auf das Gebiet des Numitor unternommen hätten; sie gingen mit einer Schar junger Leute wie Feinde auf Beute aus. So wurde Remus dem Numitor zur Hinrichtung gegeben.

Faustulus hatte längst geahnt, daß er die Nachkommenschaft des Herrschers bei sich aufziehe; er wußte nämlich, daß auf des Königs Befehl Säuglinge ausgesetzt worden waren und daß der Zeitpunkt, da er sie aufnahm, damit übereinstimmte. Doch er wollte die ganze Sache nicht vorzeitig bekanntmachen, es sei denn, es biete sich eine gute Gelegenheit oder er gerate in eine Zwangslage. Die Zwangslage kam zuerst; nun eröffnete er, von Angst gedrängt, dem Romulus die Geschichte. Da glücklicherweise Numitor den Remus in Gewahrsam hielt und er gehört hatte, die beiden Brüder seien Zwillinge, kam auch ihm, als er einerseits ihr Alter, andrerseits ihre durchaus unsklavische Art bedachte, wieder die Erinnerung an seine Enkel, und durch Nachforschungen gelangte er schließlich zur Erkenntnis, daß er kaum fehlgehe, wenn er den Remus (als Enkel) anerkenne. So wurde von mehreren Seiten eine Falle für den König vorbereitet.

Nicht mit seinem Haufen junger Männer – der war einem offenen Gewaltakt nicht gewachsen – sondern mit Hirten, denen er aufgetragen hatte, auf verschiedenen Wegen zu einer bestimmten Zeit zur Königsburg zu kommen, griff Romulus den König an; und von Numitors Hause her gab ihm Remus mit einer anderen dazu gesammelten Schar Unterstützung. So metzelte er den König nieder.

Während des anfänglichen Aufruhrs sagte Numitor immer wieder, Feinde seien in die Stadt eingedrungen und hätten die Königsburg angegriffen; er ließ die Jungmannschaft in die Feste Alba Longa rufen, um diese mit Truppen und Waffen zu halten; als er sah, daß nach dem Mord die Jugend zu ihm kam, ihn zu beglückwünschen, ließ er sogleich eine Versammlung einberufen und legte alles offen dar: das verbrecherische Verhalten seines Bruders ihm gegenüber, die Herkunft seiner Enkel, nämlich wie sie geboren, erzogen und schließlich wiedererkannt worden seien, dann auch den Mord an dem Tyrannen und daß er

auctorem ostendit. iuvenes per mediam contionem agmine ingressi cum avum regem salutassent, secuta ex omni multitudine consentiens vox ratum nomen imperiumque regi efficit.

Ita Numitori Albana re permissa Romulum Remumque cupido cepit in iis locis, ubi expositi ubique educati erant, urbis condendae. et supererat multitudo Albanorum Latinorumque; ad id pastores quoque accesserant, qui omnes facile spem facerent parvam Albam, parvum Lavinium prae ea urbe quae conderetur fore. Intervenit deinde his cogitationibus avitum malum, regni cupido, atque inde foedum certamen coortum a satis miti principio. quoniam gemini essent nec aetatis verecundia discrimen facere posset, ut di quorum tutelae ea loca essent auguriis legerent, qui nomen novae urbi daret, qui conditam imperio regeret, Palatium Romulus, Remus Aventinum ad inaugurandum templa capiunt.

7.1 Priori Remo augurium venisse fertur, sex voltures; iamque nuntiato augurio cum duplex numerus Romulo se ostendisset, utrumque regem sua multitudo consalutaverat; tempore illi praecepto, at hi numero avium regnum trahebant. inde cum altercatione congressi certamine irarum ad caedem vertuntur; ibi in turba ictus Remus cecidit. volgatior fama est ludibrio fratris Remum novos transiluisse muros; inde ab irato Romulo, cum verbis quoque increpitans adiecisset, «sic deinde, quicumque alius transiliet moenia mea» interfectum. Ita solus
24 potitus imperio Romulus; condita urbs con-
25 ditoris nomine appellata.

ihn selbst veranlaßt habe. Die jungen Männer schritten mitten durch die Versammlung, indem sie einen Zug bildeten, und als sie den Großvater als König begrüßten, folgte ihnen die Menge einstimmig und machte den Namen und den Herrschaftsanspruch für einen König gültig.

Nachdem nun das Geschick von Alba Longa dem Numitor überlassen war, überkam Romulus und Remus das Verlangen, dort, wo man sie ausgesetzt hatte und wo sie groß geworden waren, eine Stadt zu gründen. Überzählige Bewohner von Alba und Latium waren genug vorhanden; dazu kamen noch Hirten, und alle zusammen ließen leicht die Hoffnung aufkommen, daß Alba, daß Lavinium einstmals klein erscheinen würden im Vergleich mit der Stadt, die gegründet werden sollte. Zu diesen Überlegungen trat noch das altererbte Übel, das Gelüste nach dem Königtum, und so entstand ein verwerflicher Wettstreit aus einem doch recht harmlosen Anfang. Da sie Zwillinge waren und die Berücksichtigung des Alters keine Entscheidung bringen konnte, ließen sie – damit die Götter, in deren Obhut jene Gegend war, durch ein Vogelflugzeichen bestimmen möchten, wer der neuen Stadt den Namen geben und wer sie nach ihrer Gründung beherrschen solle – heilige Bezirke abgrenzen, um Augurien durchzuführen, Romulus auf dem Palatium, Remus auf dem Aventin.

Dem Remus soll zuerst ein Zeichen erschienen sein, nämlich sechs Geier. Als dies eben verkündet worden war und sich dem Romulus die doppelte Anzahl gezeigt hatte, war jeder von beiden von seiner Anhängerschar zum König ausgerufen worden; jene beanspruchten die Herrschaft aufgrund des früheren Zeitpunktes, diese aufgrund der Zahl der Vögel. Da gerieten sie in Wortgezänk aneinander, und in der Hitze des Gefechts kam es zu einer Bluttat; im Durcheinander wurde Remus getroffen und fiel. Weiter verbreitet ist allerdings die Erzählung, daß Remus über die neuerstellten Mauern gesprungen sei, um den Bruder zu verspotten; da sei er von Romulus im Zorn getötet worden, wobei er ihn noch mit den Worten beschimpfte: «So wird es auch jedem andern ergehen, der meine Stadtmauern überspringt!» Also erkämpfte sich Romulus allein die Herrschaft. Nach der Gründung erhielt die Stadt den Namen des Gründers.

Penuria mulierum

I.9.1 Iam res Romana adeo erat valida, ut cuilibet finitimarum civitatium bello par esset; sed penuria mulierum hominis aetatem duratura magnitudo erat, quippe quibus nec domi spes prolis nec cum finitimis conubia essent. tum ex consilio patrum Romulus legatos circa vicinas gentes misit, qui societatem conubiumque novo populo peterent; urbes quoque, ut cetera, ex infimo nasci; dein, quas sua virtus ac di iuvent, magnas opes sibi magnumque nomen facere; satis scire origini Romanae et deos adfuisse et non defuturam virtutem; proinde ne gravarentur homines cum hominibus sanguinem ac genus miscere.

Nusquam benigne legatio audita est; adeo simul spernebant, simul tantam in medio crescentem molem sibi ac posteris suis metuebant. ac plerisque rogitantibus dimissi, ecquod feminis quoque asylum aperuissent; id enim demum compar conubium fore. aegre id Romana pubes passa et haud dubie ad vim spectare res coepit.

Cui tempus locumque aptum, ut daret Romulus, aegritudinem animi dissimulans, ludos ex industria parat Neptuno equestri sollemnes; Consualia vocat. Indici deinde finitimis spectaculum iubet; quantoque apparatu tum sciebant aut poterant, concelebrant, ut rem claram exspectatamque facerent. multi mortales convenere, studio etiam videndae novae urbis, maxime proximi quique, Caeninenses, Crustumini,
26 Antemnates; iam Sabinorum omnis multi-
27 tudo cum liberis ac coniugibus venit. in-

Mangel an Frauen

Rom war nun so weit erstarkt, daß es jeder benachbarten Bürgerschaft im Kriege ebenbürtig war; doch wegen des Mangels an Frauen drohte diese Größe nur ein Menschenalter anzudauern; denn es bestand weder Hoffnung auf eigene Nachkommen, noch gab es Heiraten mit den Nachbarn. In dieser Lage sandte Romulus auf Anraten des Senats zu den umliegenden Volksstämmen Boten, die für das neue Volk um Gemeinschaft in der Politik und um Erlaubnis zu Eheschließungen nachsuchen sollten; auch Städte begännen, wie alles andere, zunächst klein; später würden sie, von den eigenen Fähigkeiten und von den Göttern unterstützt, zu großem Reichtum kommen und sich einen Namen machen; sie wüßten doch, daß bei der Entstehung Roms die Götter zugegen gewesen seien und daß es den Römern nicht an Tüchtigkeit fehlen werde; sie sollten sich also nicht sträuben, als Menschen mit anderen Menschen Blut und Sippschaft zu mischen.

Nirgends war diese Botschaft willkommen; einerseits verachtete man sie, andererseits fürchtete man für sich und die Nachkommen, wenn in ihrer Mitte eine so große Masse heranwachse. Sehr oft wies man sie ab mit der Frage, ob sie denn nicht auch Frauen Zuflucht gewähren wollten; dies sei doch eigentlich ebensogut wie heiraten. Die jungen Römer nahmen dies nur widerwillig hin, und die ganze Sache begann zweifellos auf Gewalt hinauszulaufen.

Um eine Gelegenheit dafür zu schaffen, ließ Romulus, ohne sich seinen Ärger anmerken zu lassen, absichtsvoll feierliche Spiele zu Ehren des Pferdegottes Neptun veranstalten; er nannte sie «Consualia». Dann gab er den Befehl, den Nachbarn rundum das Fest anzukündigen. Die jungen Römer boten alles auf, was damals in ihrem Wissen und Können lag, um die Sache großartig und spannend werden zu lassen. Es kamen viele Menschen zusammen, zum Teil auch nur, um die neue Stadt zu besichtigen, am zahlreichsten natürlich die nächsten Nachbarn, Einwohner von Caenina, Crustumerium, Antemnae; auch eine beträchtliche Menge Sabiner mit Frauen und Kindern war gekommen. Sie wurden rundum in allen Häusern freundlich

vitati hospitaliter per domos cum situm moeniaque et frequentem tectis urbem vidissent, mirantur tam brevi rem Romanam crevisse.

Vbi spectaculi tempus venit deditaeque eo mentes cum oculis erant, tum ex composito orta vis signoque dato iuventus Romana ad rapiendas virgines discurrit. magna pars forte in quem quaeque inciderat raptae: quasdam forma excellentes, primoribus patrum destinatas, ex plebe homines, quibus datum negotium erat, domos deferebant. unam longe ante alias specie ac pulchritudine insignem a globo Thalassi cuiusdam raptam ferunt multisque sciscitantibus, cuinam eam ferrent, identidem, ne quis violaret, Thalassio ferri clamitatum; inde nuptialem hanc vocem factam.

Turbato per metum ludicro maesti parentes virginum profugiunt, incusantes violatum hospitii foedus deumque invocantes, cuius ad sollemne ludosque per fas ac fidem decepti venissent. nec raptis aut spes de se melior aut indignatio est minor. sed ipse Romulus circumibat docebatque patrum id superbia factum, qui conubium finitimis negassent; illas tamen in matrimonio, in societate fortunarum omnium civitatisque et quo nihil carius humano generi sit liberum fore;

mollirent modo iras et, quibus fors corpora dedisset, darent animos; saepe ex iniuria postmodum gratiam ortam; eoque melioribus usuras viris, quod adnisurus pro se quisque sit, ut, cum suam vicem functus officio sit, paren-
28 tium etiam patriaeque expleat desiderium.
29 accedebant blanditiae virorum, factum

willkommen geheißen; als sie die Lage der Stadt, die festen Mauern und die Vielzahl der Behausungen gesehen hatten, waren sie erstaunt darüber, wie schnell Rom vorangekommen war.

Als es Zeit war für die Darbietungen, die man mit aller Aufmerksamkeit verfolgte, gab es, wie verabredet, einen Angriff: auf ein Zeichen rannten die jungen Römer hierhin und dorthin, um Mädchen zu fangen. Größtenteils wurden sie von denen, die zufällig an sie herankamen, entführt; doch Männer niedriger Abstammung, denen diese Aufgabe zugewiesen worden war, brachten einige besonders wohlgestaltete, welche für ganz vornehme Senatoren bestimmt waren, in das betreffende Haus. Dabei soll eine von ihnen, die alle anderen an Anmut und Schönheit weit übertraf, im Auftrag eines gewissen Thalassius entführt worden sein, und als viele sich erkundigten, zu wem sie gebracht würde, sei unablässig gerufen worden «zu Thalassius», damit ihr niemand etwas antue. Von daher soll dieser Hochzeitsruf stammen.

Da nun das Spiel in der Angst und Verwirrung abgebrochen war, machten sich die Eltern der Mädchen niedergeschlagen fort. Sie beschwerten sich über den Bruch der versprochenen Gastfreundschaft und riefen die Gottheit an, zu deren Fest und Feier sie gekommen seien; schmählich seien sie um Recht und Treue betrogen worden. Für die Entführten war die Zukunftsaussicht nicht besser, die Beleidigung nicht geringer. Doch nun ging Romulus selber umher und verbreitete, schuld an dem Geschehen seien die Väter in ihrem Stolz, da sie Ehen mit den Nachbarn abgelehnt hätten; die Mädchen würden bald heiraten, hätten teil am allgemeinen Wohlstand, bekämen das Bürgerrecht, und bald würde ihnen das Liebste zuteil, was es für Menschen geben könne, nämlich Kinder. Sie sollten jetzt nur ihren Zorn unterdrücken; den Männern, denen das Schicksal ihre Körper gegeben habe, sollten sie nun auch ihre Zuneigung schenken; oft sei aus einer Untat später Dankbarkeit hervorgegangen. Sie würden übrigens ganz besonders gute Männer haben, denn jeder einzelne werde sich Mühe geben, neben der Erfüllung seiner eigentlichen Pflichten auch die Sehnsucht nach den Eltern und nach der Heimat zu stillen. Zu diesen Worten

purgantium cupiditate atque amore, quae maxime ad muliebre ingenium efficaces preces sunt.

10.1 Iam admodum mitigati animi raptis erant; at raptarum parentes tum maxime sordida veste lacrimisque et querelis civitates concitabant. nec domi tantum indignationes continebant, sed congregabantur undique ad T. Tatium regem Sabinorum, et legationes eo, quod maximum Tati nomen in iis regionibus erat, conveniebant. Caeninenses Crustuminique et Antemnates erant, ad quos eius iniuriae pars pertinebat. lente agere his Tatius Sabinique visi sunt; ipsi inter se tres populi communiter bellum parant.

ne Crustumini quidem atque Antemnates pro ardore iraque Caeninensium satis se impigre movent; ita per se ipsum nomen Caeninum in agrum Romanum impetum facit. sed effuse vastantibus fit obvius cum exercitu Romulus levique certamine docet vanam sine viribus iram esse. exercitum fundit fugatque, fusum persequitur; regem in proelio obtruncat et spoliat; duce hostium occiso urbem primo impetu capit.

Inde exercitu victore reducto, ipse cum factis vir magnificus tum factorum ostentator haud minor, spolia ducis hostium caesi suspensa fabricato ad id apte ferculo gerens in Capitolium escendit; ibique ea cum ad quercum pastoribus sacram deposuisset, simul cum dono designavit templo Iovis fines cognomenque addidit deo: «Iuppiter Feretri», inquit, «haec tibi victor
30 Romulus rex regia arma fero, templumque
31 his regionibus, quas modo animo metatus

kamen noch die Schmeicheleien der Männer, die das Geschehene mit Ergebenheit und Liebe zu rechtfertigen suchten, einer Art zu bitten, die bei Frauen äußerst wirksam ist.

Die Entführten hatten sich allmählich beruhigt, doch die Eltern der geraubten Mädchen hüllten sich in Trauerkleidung und wiegelten mit Tränen und Klagen die umliegenden Bürgerschaften auf. Die Entrüstung blieb nicht nur auf Zuhause beschränkt, sondern man traf sich von überall her bei Titus Tatius, dem König der Sabiner; die Gesandten kamen deswegen dort zusammen, weil in der ganzen Gegend rundum der Name des Tatius am bekanntesten war. Es waren Leute aus Caenina, Crustumerium, Antemnae, da das in Frage stehende Unrecht sie zum Teil betraf; für sie schienen Tatius und die Sabiner allzu langsam voranzukommen; nun rüsteten diese drei Stämme zusammen auf eigene Faust zum Krieg. Aber nicht einmal die Leute von Crustumerium und Antemnae handelten den leidenschaftlichen und zornigen Caeninern schnell genug; also unternahm alles, was sich zum Namen «Caenina» bekannte, einen Angriff auf römisches Gebiet. Wie sie weit und breit Verwüstungen anrichteten, trat ihnen Romulus mit einem Heer entgegen und machte ihnen in einem leichten Gefecht klar, wie nichtig Zorn ist, wenn es an Kräften fehlt. Ihr Aufgebot schlug er gänzlich in die Flucht, und er verfolgte sie noch, als sie schon zerstreut waren; ihren König machte er im Kampf nieder und nahm ihm die Rüstung ab. Da nun der Führer der Feinde tot war, nahm er deren Stadt im ersten Ansturm ein.

Als das Heer siegreich zurückgeführt war, trug er, ein Mann, der große Taten vollbringt, aber kaum weniger gern seine Taten vorzeigt, die erbeutete Rüstung des im Kampf getöteten feindlichen Führers, aufgehängt an einer dazu verfertigten Stange, zum Kapitol hinauf; als er sie dort bei einer von Hirten verehrten Eiche niedergelegt hatte, bezeichete er mit dieser Gabe den Bereich eines Jupitertempels und gab dem Gott auch einen Beinamen. «Jupiter Feretrius», sprach er, «ich, König Romulus, bringe dir als Sieger diese Rüstung eines Königs; und hier an der Stelle, die ich eben in Gedanken abgemessen habe, weihe ich dir einen Tempel als Platz für jene

sum, dedico, sedem opimis spoliis, quae regibus ducibusque hostium caesis me auctorem sequentes posteri ferent.»

Haec templi est origo, quod primum omnium Romae sacratum est. ita deinde dis visum nec inritam conditoris templi vocem esse, qua laturos eo spolia posteros nuncupavit nec multitudine compotum eius doni volgari laudem. bina postea, inter tot annos, tot bella, opima parta sunt spolia; adeo rara eius fortuna decoris fuit.

11.1 Dum ea ibi Romani gerunt, Antemnatium exercitus per occasionem ac solitudinem hostiliter in fines Romanos incursionem facit. raptim et ad hos Romana legio ducta palatos in agris oppressit. fusi igitur primo impetu et clamore hostes, oppidum captum; duplicique victoria ovantem Romulum Hersilia coniunx precibus raptarum fatigata orat, ut parentibus earum det veniam et in civitatem accipiat; ita rem coalescere concordia posse. facile impetratum. inde contra Crustuminos profectus bellum inferentes. Ibi minus etiam, quod alienis cladibus ceciderant, animi certaminis fuit. utroque coloniae missae; plures inventi, qui propter ubertatem terrae in Crustuminum nomina darent. et Romam inde frequenter migratum est, a parentibus maxime ac propinquis raptarum.

Novissimum ab Sabinis bellum ortum multoque id maximum fuit; nihil enim per iram aut cupiditatem actum est, nec ostenderunt bellum prius quam intulerunt. consilio etiam additus dolus. Sp. Tarpeius Romanae praeerat arci. huius filiam virginem
32 auro corrumpit Tatius, ut armatos in arcem
33 accipiat; aquam forte ea tum sacris extra

Ehrenrüstungen, welche in Zukunft andere nach meinem Beispiel hier niederlegen werden, wenn sie Könige oder Führer von Feinden getötet haben!»

So entstand der erste in Rom geweihte Tempel. Nun schien es den Göttern, daß einerseits das Wort des Tempelgründers nicht zu verwerfen sei, mit dem er angekündigt hatte, man werde erbeutete Rüstungen in Zukunft dorthin bringen, daß aber andrerseits der Wert der Gabe nicht durch viele Beteiligte zum Allgemeingut gemacht werden dürfe. In all den Jahren während so zahlreicher Kriege wurde diese Rüstung nur zweimal erworben. So selten kam es zum Glück dieses Ruhmes.

Während das dort in Rom geschah, nahmen die Antemnaten die Gelegenheit wahr und fielen feindlich in römisches Gebiet ein, das ja verlassen war. Sogleich wurde eine römische Legion auch gegen sie ausgeschickt; sie brachte deren Kehlen noch auf dem Felde zum Schweigen. Gleich im ersten Ansturm also und unter lautem Rufen wurden die Feinde in die Flucht geschlagen, ihre Stadt genommen. Als Romulus jubelnd über den zweifachen Sieg heimkehrt, bittet ihn seine Frau Hersilia, der Klagen der entführten Mädchen müde, daß er ihren Eltern verzeihe und sie in die römische Bürgergemeinschaft aufnehme; so könne Verträglichkeit die Sache in Ordnung bringen. Das wurde ohne weiteres zugestanden. Dann machte sich Romulus gegen die Crustuminer auf, welche kriegerisch eingefallen waren. Doch wurde hier noch weniger gekämpft, da die Niederlagen der anderen ihren Mut hatten sinken lassen. Nach beiden Gebieten wurden Siedler gesandt; es fanden sich mehr Anmeldungen für Crustumerium, weil das Land dort fruchtbarer war. Auch nach Rom zogen viele, hauptsächlich Eltern und Verwandte der entführten Mädchen.

Schließlich fingen auch dic Sabiner mit Kriegshandlungen an, und die waren die weitaus größten. Nichts geschah nämlich nur aus Wut oder Habgier, und sie ließen ihre Kriegsabsicht nicht eher erkennen, als bis sie angriffen. Die Planung wurde ergänzt durch List. In Rom hatte Spurius Tarpeius die Aufsicht über den Burgberg. Dessen Tochter, noch ein Mädchen, bestach Tatius mit Gold, damit sie Soldaten in die Festung einlasse; sie war gerade vor die Mauern gegangen, um

moenia petitum ierat. accepti obrutam armis necavere, seu ut vi capta potius arx videretur seu prodendi exempli causa, ne quid usquam fidum proditori esset. additur fabula, quod volgo Sabini aureas armillas magni ponderis brachio laevo gemmatosque magna specie anulos habuerint, pepigisse eam, quod in sinistris manibus haberent; eo scuta illi pro aureis donis congesta.

sunt qui eam ex pacto tradendi, quod in sinistris manibus esset, derecto arma petisse dicant et fraude visam agere sua ipsam peremptam mercede.

12.1 Tenuere tamen arcem Sabini; atque inde postero die, cum Romanus exercitus instructus, quod inter Palatinum Capitolinumque collem campi est complesset, non prius descenderunt in aequum quam ira et cupiditate reciperandae arcis stimulante animos in adversum Romani subiere. principes utrimque pugnam ciebant ab Sabinis Mettius Curtius, ab Romanis Hostius Hostilius. hic rem Romanam iniquo loco ad prima signa animo atque audacia sustinebat. ut Hostius cecidit, confestim Romana inclinatur acies fusaque est ad veterem portam Palati. Romulus et ipse turba fugientium actus, arma ad caelum tollens, «Iuppiter, tuis» inquit «iussus avibus hic in Palatio prima urbi fundamenta ieci. arcem iam scelere emptam Sabini habent; inde huc armati superata media valle tendunt; at tu, pater deum hominumque, hinc saltem arce hostes; deme terrorem Romanis fugamque foedam siste! hic ego tibi templum Statori Iovi, quod monumentum sit posteris tua praesenti ope servatam urbem esse, voveo.»

für Opferhandlungen Wasser zu holen. Kaum waren die Sabiner drinnen, warfen sie ihre Schilde auf das Mädchen und töteten sie so, vielleicht, damit es doch so aussehe, die Festung sei mit Gewalt genommen worden, vielleicht aber auch zum Zeichen, daß ein Verräter nie Vertrauen erwarten kann. Die Sage berichtet weiter, das Mädchen habe sich von den Sabinern das ausbedungen, was sie an der linken Hand trügen; diese hätten nämlich allgemein am linken Arm goldene Reife von beachtlichem Gewicht und schöne edelsteinbesetzte Ringe. Nun sei sie statt mit goldenen Geschenken mit Schilden überhäuft worden. Andere sagen, das Mädchen habe gemäß der Abmachung für den Verrat, die das betraf, was diese in der linken Hand trügen, geradeheraus die Waffen gefordert und, als Verräterin ertappt, sich mit ihrem Lohn selber den Tod gebracht.

Jedenfalls waren die Sabiner im Besitz des Burgberges; und obschon am nächsten Tag die Aufstellung des römischen Heeres das ganze Feld zwischen dem Palatinischen und dem Kapitolinischen Hügel ausfüllte, rückten sie erst hinab, als die Römer, von Zorn erfüllt und von der Leidenschaft beseelt, die Festung zurückzugewinnen, von unten heranzogen. Auf beiden Seiten begann jeweils ein Einzelner den Kampf: bei den Sabinern Mettius Curtius, bei den Römern Hostius Hostilius. Dieser stand mutig, ja draufgängerisch für die Sache Roms kämpfend ganz vorn an der Front, obwohl das Gelände ungünstig war. Als Hostius gefallen war, begann die Schlachtlinie der Römer sogleich zu wanken und wurde bis zum alten Tor am Palatin abgedrängt. Romulus, selber mitten im Haufen der Fliehenden, hebt seine Waffen zum Himmel empor und ruft: «Jupiter, auf Geheiß deiner Vögel habe ich hier auf dem Palatin die ersten Grundlagen für unsere Stadt gelegt. Nun sind die Sabiner auf frevlerische Art in den Besitz der Burg gelangt, von wo sie bewaffnet hierher stürmen und schon die Hälfte der Senke gewonnen haben; du, Vater der Götter und Menschen, wehre wenigstens hier unseren Feinden! Nimm den Römern die Angst und bring die schändliche Flucht zum Stillstand! An dieser Stelle hier gelobe ich dir, Jupiter Stator, einen Tempel, der die Nachkommen daran erinnern wird, daß die Stadt durch deine unmittelbare Hilfe errettet worden ist.» So betet er, und

haec precatus, veluti si sensisset auditas preces, «Hinc,» inquit, «Romani, Iuppiter optimus maximus resistere atque iterare pugnam iubet.» restitere Romani tamquam caelesti voce iussi; ipse ad primores Romulus provolat. Mettius Curtius ab Sabinis princeps ab arce decucurrerat et effusos egerat Romanos toto quantum foro spatium est. nec procul iam a porta Palati erat, clamitans: «vicimus perfidos hospites, imbelles hostes; iam sciunt longe aliud esse virgines rapere, aliud pugnare cum viris.» in eum haec gloriantem cum globo ferocissimorum iuvenum Romulus impetum facit. ex equo tum forte Mettius pugnabat; eo pelli facilius fuit. pulsum Romani persequuntur; et alia Romana acies, audacia regis accensa, fundit Sabinos. Mettius in paludem sese strepitu sequentium trepidante equo coniecit; averteratque ea res etiam Sabinos tanti periculo viri. et ille quidem adnuentibus ac vocantibus suis favore multorum addito animo evadit; Romani Sabinique in media convalle duorum montium redintegrant proelium; sed res Romana erat superior.

13.1 Tum Sabinae mulieres, quarum ex iniuria bellum ortum erat, crinibus passis scissaque veste, victo malis muliebri pavore, ausae se inter tela volantia inferre, ex transverso impetu facto dirimere infestas acies, dirimere iras, hinc patres, hinc viros orantes, ne se sanguine nefando soceri generique respergerent, ne parricidio macularent partus suos, nepotum illi, hi liberum progeniem.

36 «si adfinitatis inter vos, si
37 conubii piget, in nos vertite iras; nos causa

wie wenn er die Erhörung seiner Bitten gespürt hätte, sagt er: «Hier, ihr Römer, befiehlt uns Jupiter Optimus Maximus, Widerstand zu leisten und den Kampf wieder aufzunehmen!» Die Römer, von göttlicher Stimme aufgerufen, leisten demgemäß Widerstand. Romulus selbst eilt nach vorn zu den Anführern. Auf sabinischer Seite war Mettius Curtius als erster von der Burg herabgestürmt und hatte die Römer über das ganze Forum hin, soweit es sich ausdehnte, vor sich her getrieben. Er war nicht mehr weit vom Tor am Palatin entfernt, als er ausrief: «Wir haben über die treulosen Gastgeber, ja über kriegsuntüchtige Feinde gesiegt; jetzt wissen sie, daß junge Mädchen entführen etwas ganz anderes ist als mit Männern kämpfen!» Als er sich so brüstete, griff ihn Romulus mit einer Gruppe kühnster Draufgänger an. Mettius kämpfte noch vom Pferd herab, weswegen er leichter zu vertreiben war. Den Fliehenden verfolgten die Römer; der andere Teil des römischen Heeres, von der Kühnheit ihres Königs begeistert, trieb die Sabiner in die Flucht. Mettius geriet in den Sumpf, da sein Pferd vor dem Lärm der Verfolger scheute. Dieser Umstand hatte die Aufmerksamkeit der Sabiner auf sich gezogen: ein wichtiger Mann war in Gefahr! Als die Seinen ihm Zeichen machten und nach ihm riefen, faßte er neuen Mut, da so viele zu ihm hielten, und es gelang ihm, herauszukommen. In der Mitte der Talsenke zwischen den beiden Erhebungen nahmen nun Römer und Sabiner den Kampf wieder auf; doch die römische Seite war stärker.

Da wagten es die Sabinerfrauen, wegen deren unrechtlicher Behandlung der Krieg begonnen hatte: sie bezwangen ihre Frauen-Angst vor dem Schrecklichen und begaben sich mit aufgelösten Haaren und in zerfetzten Kleidern mitten zwischen die hin und her fliegenden Lanzen; von der Seite einbrechend machten sie die feindlichen Linien, machten sie die Kampfeswut zunichte, flehten auf dieser Seite ihre Väter, auf der anderen ihre Männer an, sich doch nicht frevlerisch mit dem Blut der Schwiegerväter und Schwiegersöhne zu besudeln, nicht durch Verwandten-Mord ihre Nachkommen zu beflecken, die ihrer Enkel oder die ihrer Kinder. «Und wenn es euch nicht paßt, verwandt oder verschwägert zu sein, so wen-

belli, nos volnerum ac caedium viris ac parentibus sumus; melius peribimus quam sine alteris vestrum viduae aut orbae vivemus.»

Movet res cum multitudinem tum duces; silentium et repentina fit quies; inde ad foedus faciendum duces prodeunt. nec pacem modo, sed civitatem unam ex duabus faciunt. regnum consociant; imperium omne conferunt Romam. ita geminata urbe, ut Sabinis tamen aliquid daretur, Quirites a Curibus appellati. monumentum eius pugnae, ubi primum ex profunda emersus palude equus Curtium in vado statuit, Curtium lacum appellarunt.

Romulus deus

I.16.1 Cum ad exercitum recensendum contionem in campo ad Caprae paludem haberet, subito coorta tempestas cum magno fragore tonitribusque tam denso regem operuit nimbo, ut conspectum eius contioni abstulerit; nec deinde in terris Romulus fuit. Romana pubes sedato tandem pavore postquam ex tam turbido die serena et tranquilla lux rediit, ubi vacuam sedem regiam vidit, etsi satis credebat patribus, qui proximi steterant, sublimem raptum procella, tamen velut orbitatis metu icta maestum aliquamdiu silentium obtinuit.

deinde a paucis initio facto, deum deo natum, regem parentemque urbis Romanae salvere universi Romulum iubent; pacem precibus exposcunt, uti volens propitius suam semper sospitet progeniem.

det euren Zorn gegen uns; wir sind der Anlaß zum Krieg, die Ursache von Verwundung und Tod unserer Männer und Väter. Lieber kommen wir um, als daß wir ohne euch als Witwen oder Waisen leben müssen!»

Das machte Eindruck, wie bei der Menge, so auch bei den Befehlshabenden; es wurde still und unvermittelt ruhig; dann schritten die Anführer nach vorn, um eine Vereinbarung zu treffen. Sie schlossen nicht nur Frieden, sondern machten aus zwei Bürgerschaften eine einzige; sie vereinigten auch den Thron; zum Sitz der gemeinsamen Regierung bestimmten sie Rom. Damit nach der Verdoppelung der Stadt auch den Sabinern etwas zukomme, bezeichnete man sie als «Quirites» von der Stadt Cures her. Zur Erinnerung an diesen Kampf nannte man den Sumpf, aus dessen Tiefe ein eingesunkenes Pferd erstmals hochgekommen war und dem Curtius Halt gegeben hatte, das «Gewässer des Curtius».

Romulus, der Gott

Als Romulus auf dem Marsfeld, nahe dem «Sumpf der Ziege», eine Versammlung abhielt, um die Heeresmusterung durchzuführen, entstand plötzlich ein heftiges Unwetter mit lautem Krachen und Donnern und hüllte den König in einen so dichten Wolkenschleier, daß er den Blicken der Versammelten entzogen wurde; von da an war Romulus nicht mehr auf Erden. Nachdem die Angst sich verflüchtigt hatte und als nach der verwirrenden Dunkelheit wieder heiteres und ruhiges Sonnenlicht schien, sah die Jugend Roms, daß der Sitz des Königs leer war; auch wenn sie den Senatoren, die ihm zunächst gestanden hatten, durchaus glaubten, daß Romulus vom Sturm hochgehoben worden sei, so verharrten sie dennoch, wie von der Angst befallen, nun verwaist zu sein, in trauerndem Schweigen. Dann aber, nachdem einzelne damit begonnen hatten, riefen schließlich alle, Romulus solle als Gott, von einem Gotte stammend, solle als König und Vater der Stadt Rom gepriesen sein. Mit Gebeten erflehten sie seine Huld: er wolle gnädig und gütig immer seine Nachkommenschaft im Glück erhalten.

Fuisse credo tum quoque aliquos, qui discerptum regem patrum manibus taciti arguerent; manavit enim haec quoque sed perobscura fama; illam alteram admiratio viri et pavor praesens nobilitavit. et consilio etiam unius hominis addita rei dicitur fides. namque Proculus Iulius, sollicita civitate desiderio regis et infensa patribus, gravis, ut traditur, quamvis magnae rei auctor in contionem prodit.

«Romulus,» inquit, «Quirites, parens urbis huius, prima hodierna luce caelo repente delapsus se mihi obvium dedit. cum perfusus horrore venerabundusque adstitissem petens precibus, ut contra intueri fas esset, ‹abi, nuntia› inquit ‹Romanis, caelestes ita velle, ut mea Roma caput orbis terrarum sit; proinde rem militarem colant sciantque et ita posteris tradant nullas opes humanas armis Romanis resistere posse.› haec» inquit «locutus sublimis abiit.» mirum, quantum illi viro nuntianti haec fides fuerit, quamque desiderium Romuli apud plebem exercitumque facta fide immortalitatis lenitum sit.

NECESSITAS FATI

Peregrinus regnum adfectat

I.34.1 Anco regnante Lucumo, vir impiger ac divitiis potens, Romam commigravit cupidine maxime ac spe magni honoris, cuius adipiscendi Tarquiniis – nam ibi quoque peregrina stirpe oriundus erat – facultas non fuerat. Demarati Corinthii filius erat, qui ob sedi-

Es gab damals, glaube ich, auch einige, die im geheimen behaupteten, der König sei von den Senatoren mit bloßen Händen in Stücke gerissen worden. Diese recht abwegige Geschichte fand eine gewisse Verbreitung. Aber die Bewunderung für diesen Mann und die herrschende Angst verhalfen dem zuerst gegebenen Bericht zur Geltung. Durch die Aussage eines einzelnen Mannes erhielt die Sache noch mehr Glaubwürdigkeit, so sagt man. Denn als alle Bürger beunruhigt waren, sich nach ihrem König zurücksehnten und dem Senat grollten, da trat, so heißt es, Iulius Proculus mit bedeutender Miene vor die Volksversammlung, wie jemand, der etwas Wichtiges vorzubringen hat, und sprach: «Bürger von Rom! Romulus, der Gründer dieser Stadt, ist heute in aller Frühe unerwartet vom Himmel herabgeglitten und hat sich mir gezeigt. Mich schauderte, voller Ehrfurcht stand ich da; als ich ihn bat, mir zu erlauben, ihn anzuschauen, sprach er: ‹Geh und verkünde den Römern, es sei der Wille der Himmlischen, daß mein Rom das Haupt der ganzen Welt werde; sie sollen Übung und Kenntnis des Kriegshandwerks pflegen und so den Nachkommen zeigen, daß keine menschliche Macht der Waffenstärke Roms zu widerstehen vermag!› Nach diesen Worten», sagte Proculus, «ist er in der Höhe verschwunden.» Es ist erstaunlich, wieviel Glauben diesem Manne entgegengebracht wurde, als er so sprach, und wie schnell beim Volk und beim Heer die Sehnsucht nach Romulus durch den Glauben an seine Unsterblichkeit gemildert wurde.

UNAUFHALTSAMES SCHICKSAL

Ein Ausländer greift nach der Krone

Zu der Zeit, als Ancus König war, wurde Lucumo, ein ehrgeiziger und reicher Mann, in Rom ansässig: er war darauf aus und hegte Hoffnungen, hohe Ehren zu erlangen, wozu er in Tarquinii – auch dort war er, was seine Herkunft anbelangt, ein Fremder – keine Gelegenheit gehabt hatte. Er war der Sohn eines Demaratos aus Korinth, der sich als Flüchtling zufällig

tiones domo profugus cum Tarquiniis forte consedisset, uxore ibi ducta duos filios genuit. nomina his Lucumo atque Arruns fuerunt. Lucumo superfuit patri bonorum omnium heres; Arruns prior quam pater moritur uxore gravida relicta. nec diu manet superstes filio pater; qui cum, ignorans nurum ventrem ferre, immemor in testando nepotis decessisset, puero post avi mortem in nullam sortem bonorum nato ab inopia Egerio inditum nomen. Lucumoni contra, omnium heredi bonorum, cum divitiae iam animos facerent, auxit ducta in matrimonium Tanaquil, summo loco nata et quae haud facile iis, in quibus nata erat, humiliora sineret ea, quo innupsisset.

Spernentibus Etruscis Lucumonem exsule advena ortum, ferre indignitatem non potuit, oblitaque ingenitae erga patriam caritatis, dummodo virum honoratum videret, consilium migrandi ab Tarquiniis cepit. Roma est ad id aptissima visa; in novo populo, ubi omnis repentina atque ex virtute nobilitas sit, futurum locum forti ac strenuo viro; regnasse Tatium Sabinum, arcessitum in regnum Numam a Curibus, et Ancum Sabina matre ortum nobilemque una imagine Numae esse. facile persuadet, ut cupido honorum et cui Tarquinii materna tantum patria esset. sublatis itaque rebus amigrant Romam. ad Ianiculum forte ventum erat. ibi ei carpento sedenti cum uxore aquila suspensis demissa leniter alis pilleum aufert, superque carpentum cum magno clangore volitans rursus velut ministerio divinitus missa capiti apte
42 reponit; inde sublimis abiit. accepisse id
43 augurium laeta dicitur Tanaquil, perita ut

in Tarquinii niedergelassen, dort geheiratet und zwei Söhne gezeugt hatte. Sie hießen Lucumo und Arruns. Dem Vater blieb aber nur Lucumo als Erbe des ganzen Vermögens; Arruns starb nämlich vor dem Vater; seine Frau ließ er schwanger zurück. Aber auch der Vater lebte nicht viel länger als der Sohn; weil er gestorben war, ohne von der Schwangerschaft der Schwiegertochter Kenntnis und ohne den Enkel im Testament berücksichtigt zu haben, bekam der Junge, da er, nach dem Tod des Großvaters geboren, zu keinerlei Erbteil berechtigt war, in seiner Armut den Namen Egerius. Dem Lucumo aber, dem Alleinerben des Vermögens, stieg der Reichtum in den Kopf, was sich durch die Heirat mit Tanaquil noch steigerte: sie war adliger Herkunft und wollte nicht zulassen, daß die Familie, in die sie eingeheiratet hatte, niedrigeren Standes sei als die, aus der sie selber stammte.

Da nun die Etrusker den Lucumo als den Nachkommen eines hergelaufenen Flüchtlings verachteten, konnte sie diese Demütigung nicht ertragen; sie vergaß die angeborene Liebe zur Heimat und faßte, während sie nur noch an das Ansehen ihres Mannes dachte, den Entschluß, von Tarquinii auszuwandern. Rom schien ihr dazu am geeignetsten zu sein; ein noch junges Volk, in dem aller Adel noch neu wäre und aufgrund von Leistungen entstünde, wäre wohl der richtige Platz für einen mutigen, aufstrebenden Mann; auch Tatius sei als Sabiner König geworden, Numa sei von Cures her auf den Thron gesetzt worden, und Ancus, der von einer Sabinerin abstamme, sei nur durch das eine Ahnenbild des Numa adlig gewesen. Leicht überredete sie ihren Mann, zumal er ehrgeizig war und ihm Tarquinii nur von der Mutter her als Heimatstadt galt. So lösten sie ihre Habe auf und machten sich auf den Weg nach Rom. Sie waren gerade zum Ianiculus gekommen; wie er mit seiner Frau auf dem Wagen sitzt, schwebt ein Adler über ihm, läßt sich sanft herab und stiehlt ihm die Kappe weg; gewaltig lärmend flattert er über dem Wagen und setzt ihm dann, wie auf göttliches Geheiß, die Mütze wieder richtig aufs Haupt; dann entschwand er in der Höhe. Tanaquil soll sich über dieses Vorzeichen gefreut haben; sie war, wie die Etrusker allgemein, eine in der Deutung

volgo Etrusci caelestium prodigiorum mulier. excelsa et alta sperare complexa virum iubet; eam alitem ea regione caeli et eius dei nuntiam venisse; circa summum culmen hominis auspicium fecisse; levasse humana manu superpositum capiti decus, ut divinitus eidem redderet.

Has spes cogitationesque secum portantes urbem ingressi sunt, domicilioque ibi comparato L. Tarquinium Priscum edidere nomen. Romanis conspicuum eum novitas divitiaeque faciebant; et ipse fortunam benigno adloquio, comitate invitandi beneficiisque quos poterat sibi conciliando adiuvabat, donec in regiam quoque de eo fama perlata est. notitiamque eam brevi apud regem liberaliter dextereque obeundo officia in familiaris amicitiae adduxerat iura, ut publicis pariter ac privatis consiliis bello domique interesset et per omnia expertus postremo tutor etiam liberis regis testamento institueretur.

35.1 Regnavit Ancus annos quattuor et viginti, cuilibet superiorum regum belli pacisque et artibus et gloria par. Iam filii prope puberem aetatem erant. eo magis Tarquinius instare, ut quam primum comitia regi creando fierent. quibus indictis sub tempus pueros venatum ablegavit. isque primus et petisse ambitiose regnum et orationem dicitur habuisse ad conciliandos plebis animos compositam;

se non rem novam petere, quippe qui non primus, quod quisquam indignari mirarive posset, sed tertius Romae peregrinus regnum adfectet; et Tatium non ex peregrino solum, sed etiam ex hoste regem factum, et Numam ignarum urbis, non

himmlischer Vorzeichen erfahrene Frau. Sie umarmte ihren Mann und sagte, er könne etwas Außerordentliches, Großes erwarten; eben dieser Vogel sei aus eben diesem Himmelsbereich als Bote eben dieses Gottes gekommen; er habe sein Zeichen an der obersten Stelle des Menschen gemacht; er habe die von Menschenhand aufgesetzte Haupteszierde entfernt, um sie ihm von Gott aus wieder zurückzugeben.

Indem sie solche Gedanken und Hoffnungen hegten, betraten sie die Stadt; sie bezogen dort eine Wohnung und gaben als seinen Namen an: Lucius Tarquinius Priscus. Für die Römer war er der Beachtung wert, weil er hier neu war und Vermögen besaß. Er selber suchte sein Glück zu fördern durch liebenswürdige Gespräche, gesellige Einladungen und dadurch, daß er mit Freundlichkeiten sich möglichst jeden geneigt machte – bis die Rede davon auch ins Haus des Königs gelangte. Diese Bekanntschaft nutzte er dazu, beim König in kurzer Zeit wie ein Familienmitglied angesehen zu werden, indem er gern und geschickt gewisse Pflichten übernahm, so daß er in Staatsangelegenheiten genauso wie in privaten, in der Außen- wie in der Innenpolitik dabei war; nachdem er in allem Erfahrung besaß, wurde er testamentarisch sogar als Vormund der Kinder des Königs eingesetzt.

Ancus war vierundzwanzig Jahre auf dem Thron gewesen, in Kriegs- wie in Friedenszeiten jedem der vorangegangenen Könige an Fähigkeiten und an Ruhm ebenbürtig. Seine Söhne waren beinahe erwachsen. Gerade deswegen drängte Tarquinius darauf, daß möglichst bald eine Versammlung zur Wahl des künftigen Königs zusammentrete. Als diese Versammlung angesetzt war, sorgte er dafür, daß die Söhne kurz vorher auf die Jagd geschickt wurden. Dann habe er sich, so heißt es, in ehrgeiziger Weise als erster um den Thron beworben und eine Rede gehalten, um die Leute für sich zu gewinnen. Er wolle ja nichts Neues, da es nicht das erste, sondern – darüber könne man sich ärgern oder wundern –, bereits das dritte Mal sei, daß ein Fremder die Herrschaft in Rom anstrebe. Tatius sei nicht nur als Fremdling, sondern sogar als Feind König geworden, und Numa habe man aus freien Stücken als König herbeigeholt, obwohl er in der Stadt

petentem, in regnum ultro accitum; se ex quo sui potens fuerit Romam cum coniuge ac fortunis omnibus commigrasse; maiorem partem aetatis eius, qua civilibus officiis fungantur homines, Romae se quam in vetere patria vixisse; domi militiaeque sub haud paenitendo magistro, ipso Anco rege, Romana se iura, Romanos ritus didicisse; obsequio et observantia in regem cum omnibus, benignitate erga alios cum rege ipso certasse. haec eum haud falsa memorantem ingenti consensu populus Romanus regnare iussit.

Servus serva natus

I.39 Eo tempore in regia prodigium visu eventuque mirabile fuit. puero dormienti, cui Servio Tullio fuit nomen, caput arsisse ferunt multorum in conspectu: plurimo igitur clamore inde ad tantae rei miraculum orto excitos reges, et cum quidam familiarium aquam ad restinguendum ferret, ab regina retentum, sedatoque eam tumultu moveri vetuisse puerum, donec sua sponte experrectus esset; mox cum somno et flammam abisse. tum abducto in secretum viro Tanaquil «videsne tu puerum hunc,» inquit, «quem tam humili cultu educamus? scire licet hunc lumen quondam rebus nostris dubiis futurum praesidiumque regiae adflictae; proinde materiam ingentis publice privatimque decoris omni indulgentia nostra nutriamus.» inde puerum liberum loco coeptum haberi erudirique artibus, quibus ingenia ad magnae fortunae cultum
46 excitantur. evenit facile, quod dis cordi
47 esset; iuvenis evasit vere indolis regiae

nicht bekannt gewesen sei und sich nicht beworben habe. Er selber sei von einem Ort, an dem er sein eigener Herr gewesen sei, mit seiner Frau und mit allem Hab und Gut nach Rom gekommen; von den Lebensjahren, in denen man bürgerliche Tätigkeiten ausübe, habe er einen größeren Teil in Rom zugebracht als in der alten Heimat; im Frieden und im Krieg habe er unter einem Lehrmeister, dessen er sich nicht zu schämen brauche, nämlich unter König Ancus, römisches Recht und römische Gepflogenheiten gelernt; in Gehorsam und Ergebenheit gegenüber dem König habe er mit anderen gewetteifert, in Gefälligkeit gegenüber anderen aber mit dem König selbst. Als er damit vorbrachte, was kaum zu widerlegen war, beschloß das römische Volk in großer Einstimmigkeit, er solle König sein.

Sklave und Sohn einer Sklavin

Zu dieser Zeit gab es in der Königsburg ein Vorzeichen, das in Anblick und Ablauf erstaunlich war. Einem schlafenden Jungen mit Namen Servius Tullius soll, so wird berichtet, vor den Augen vieler Leute der Kopf in Flammen gestanden haben. Durch das Geschrei, das natürlich bei einem solchen Wundergeschehen entstand, sei das Königspaar aufmerksam geworden; als jemand von der Familie Wasser zum Löschen brachte, sei er von der Königin zurückgehalten worden. Nachdem es ruhig geworden war, habe sie verboten, den Jungen zu berühren, bis er von selbst erwache; bald darauf seien zugleich die Flammen und die Betäubung von ihm gewichen. Nun nahm Tanaquil ihren Mann beiseite und sagte zu ihm: «Siehst du den Jungen hier, den wir in so niedriger Art aufwachsen lassen? Er wird gewiß eines Tages für uns in unsicherer Lage ein Lichtblick sein und ein Schutz für das Königshaus, wenn es in Bedrängnis ist; laß uns also dieses Unterpfand großen Glanzes in Staat und Familie sorgfältig heben und pflegen!» Von da an begannen sie, den Jungen wie ihr eigenes Kind zu behandeln und in jenen Fertigkeiten auszubilden, von denen die Eignung zum Erlangen großen Glückes in Bewegung gebracht wird. Das gelang ohne weiteres, da es offenbar auch den Göttern am Herzen lag: der Junge entwickelte sich zu wahrhaft könig-

nec, cum quaereretur gener Tarquinio, quisquam Romanae iuventutis ulla arte conferri potuit, filiamque ei suam rex despondit.

Hic quacumque de causa tantus illi honos habitus credere prohibet serva natum eum parvumque ipsum servisse. eorum magis sententiae sum, qui Corniculo capto Ser. Tulli, qui princeps in illa urbe fuerat, gravidam viro occiso uxorem, cum inter reliquas captivas cognita esset, ob unicam nobilitatem ab regina Romana prohibitam ferunt servitio partum Romae edidisse in Prisci Tarquini domo; inde tanto beneficio et inter mulieres familiaritatem auctam et puerum, ut in domo a parvo eductum, in caritate atque honore fuisse; fortunam matris, quod capta patria in hostium manus venerit, ut serva natus crederetur fecisse.

40.1 Duodequadragesimo ferme anno, ex quo regnare coeperat Tarquinius, non apud regem modo, sed apud patres plebemque longe maximo honore Ser. Tullius erat.

Tum Anci filii duo etsi antea semper pro indignissimo habuerant se patrio regno tutoris fraude pulsos, regnare Romae advenam non modo vicinae, sed ne Italicae quidem stirpis, tum impensius iis indignitas crescere, si ne ab Tarquinio quidem ad se rediret regnum, sed praeceps inde porro ad servitia caderet, ut in eadem civitate post centesimum fere annum quam Romulus deo prognatus deus ipse tenuerit regnum, donec in terris fuerit, id Servius servus serva natus possideat. cum commune Romani nominis tum praecipue id domus suae dedecus fore, si Anci regis virili stirpe salva

licher Art, und als ein Schwiegersohn für Tarquinius gesucht wurde, konnte keiner der jungen Männer Roms in irgend einer Fähigkeit mit ihm verglichen werden; darum versprach ihm der König seine Tochter zur Frau.

Die große Ehre, die ihm, aus welchem Grunde auch immer, zuteil wurde, läßt die Annahme nicht zu, er stamme von einer Sklavin ab und sei selber als Kind Sklave gewesen. Ich teile eher die Meinung derer, die überliefern, daß nach der Eroberung von Corniculum die Frau des Servius Tullius, des führenden Mannes jener Stadt, beim Tode ihres Mannes schwanger gewesen sei; als man sie unter den anderen Kriegsgefangenen erkannte, habe die Königin von Rom nicht gewollt, daß sie, die einzige Adlige, als Sklavin im Hause des Priscus Tarquinius das Kind bekomme. Seit diesem großen Gunsterweis sei sowohl die Vertrautheit unter den beiden Frauen gestiegen als auch dem Jungen, da er von klein auf in diesem Haus erzogen worden war, Wohlwollen und Achtung entgegengebracht worden. Das Schicksal der Mutter, nach der Eroberung ihrer Heimatstadt in die Hände des Feindes geraten zu sein, habe bewirkt, daß man ihn für den Sohn einer Sklavin hielt.

Etwa achtunddreißig Jahre nachdem Tarquinius auf den Thron gekommen war, genoß Servius Tullius nicht nur beim König, sondern auch beim Senat und beim Volk höchstes Ansehen.

Die beiden Söhne des Ancus hatten es schon immer als äußerst entwürdigend empfunden, daß sie durch einen Betrug ihres Vormundes vom Königtum des Vaters gestoßen worden waren und daß in Rom ein Hergelaufener König geworden war, der nicht aus der Umgebung, ja nicht einmal aus einem italischen Volk stammte; nun wurde ihr Unwille noch größer, weil – falls die Herrschaft nicht wenigstens von Tarquinius an sie übergehe, sondern geradewegs in den Sklavenstand absinke – in dem selben Staat, in dem vor fast hundert Jahren Romulus, Göttersproß und selber Gott, geherrscht habe, solange er auf Erden weilte, nun ein Servius, selber Sklave und Sohn einer Sklavin, alles besitzen sollte. Es sei für alles, was römisch heiße, aber besonders für ihre Familie eine Schande, wenn männliche Nachkommenschaft von König Ancus am

non modo advenis, sed servis etiam regnum Romae pateret.

Ferro igitur eam arcere contumeliam statuunt; sed et iniuriae dolor in Tarquinium ipsum magis quam in Servium eos stimulabat, et quia gravior ultor caedis, si superesset, rex futurus erat quam privatus; tum Servio occiso, quemcumque alium generum delegisset, eundem regni heredem facturus videbatur; ob haec ipsi regi insidiae parantur.

Ex pastoribus duo ferocissimi delecti ad facinus, quibus consueti erant uterque agrestibus ferramentis armati, in vestibulo regiae quam potuere tumultuosissime specie rixae in se omnes apparitores regios convertunt; inde, cum ambo regem appellarent clamorque eorum penitus in regiam pervenisset, vocati ad regem pergunt. primo uterque vociferari et certatim alter alteri obstrepere; coerciti ab lictore et iussi in vicem dicere tandem obloqui desistunt; unus rem ex composito orditur. cum intentus in eum se rex totus averteret, alter elatam securim in caput deiecit, relictoque in volnere telo ambo se foras eiciunt.

41.1 Tarquinium moribundum cum qui circa erant excepissent, illos fugientes lictores comprehendunt. clamor inde concursusque populi, mirantium, quid rei esset. Tanaquil inter tumultum claudi regiam iubet, arbitros eiecit. simul quae curando volneri opus sunt, tamquam spes subesset, sedulo comparat, simul si destituat spes, alia praesidia molitur. Servio propere accito cum paene exsanguem virum ostendisset, dextram te-
50 nens orat, ne inultam mortem soceri, ne
51 socrum inimicis ludibrio esse sinat. «Tuum

Leben sei und dennoch die Herrschaft über Rom nicht nur Ausländern, sondern sogar Sklaven offen stehe.

Mit Waffengewalt wollten sie diese beschämende Tatsache beseitigen; dabei richtete sich ihre Erbitterung über das Unrecht mehr gegen Tarquinius als gegen Servius; auch, weil der König, falls er am Leben bliebe, ein grausamerer Rächer sein werde als ein Mann ohne Amt; außerdem würde er sicher, wenn Servius getötet werde, irgend einen anderen zum Schwiegersohn bestimmen und zum Erben des Thrones machen. Deswegen galt der Anschlag dem König selbst.

Man wählte für diese Tat unter den Hirten zwei wilde Draufgänger aus. Jeder rüstet sich mit den Geräten für die Landbestellung aus, die er zu führen gewohnt ist. Im Vorhof der Königsburg ziehen sie unter dem Anschein eines Streites, den sie so lärmend wie möglich vortragen, die Aufmerksamkeit der ganzen Wache auf sich; als dann beide den König anrufen und ihr Geschrei bis ins Innere des Königshauses gedrungen ist, werden sie vorgeladen und gehen zum König. Zunächst schreit jeder drauflos, und einer versucht den andern zu übertönen; vom Liktor zurechtgewiesen und aufgefordert, abwechselnd zu sprechen, hören sie auf, einander zu beschimpfen; einer beginnt, den Fall ordentlich vorzutragen. Wie sich nun der König ganz aufmerksam dem einen zuwendet, hebt der andere die Axt und schlägt sie ihm auf den Kopf; das Eisen lassen sie in der Wunde stecken und machen sich beide davon.

Den zu Tode getroffenen Tarquinius fangen die zunächst Stehenden auf, während Liktoren die Flüchtigen ergreifen. Lärm, zusammenströmendes Volk, verwunderte Fragen, was denn geschehen sei. In all der Unruhe befiehlt Tanaquil, die Burg zu schließen, und läßt alle Augenzeugen entfernen. Eifrig kümmert sie sich um alles, was zur Pflege der Wunde vonnöten ist, wie wenn noch Hoffnung bestünde, trifft aber gleichzeitig Maßnahmen für den Fall, daß die Hoffnung trügt. Dann läßt sie schleunigst den Servius kommen, zeigt ihm den beinahe verbluteten Mann, ergreift seine rechte Hand und bittet ihn, den Tod seines Schwiegervaters nicht ungerächt zu lassen, den Schwiegervater nicht dem Gespött der Feinde zu über-

est,» inquit, «Servi, si vir es, regnum, non eorum, qui alienis manibus pessimum facinus fecere. erige te deosque duces sequere, qui clarum hoc fore caput divino quondam circumfuso igni portenderunt. nunc te illa caelestis excitet flamma; nunc expergiscere vere. et nos peregrini regnavimus; qui sis, non unde natus sis, reputa. Si tua re subita consilia torpent, at tu mea consilia sequere.»

Cum clamor impetusque multitudinis vix sustineri posset, ex superiore parte aedium per fenestras in Novam viam versas – habitabat enim rex ad Iovis Statoris – populum Tanaquil adloquitur. iubet bono animo esse; sopitum fuisse regem subito ictu; ferrum haud alte in corpus descendisse; iam ad se redisse; inspectum volnus absterso cruore; omnia salubria esse; confidere propediem ipsum eos visuros; interim Ser. Tullio iubere populum dicto audientem esse; eum iura redditurum obiturumque alia regis munia esse.

Servius cum trabea et lictoribus prodit ac sede regia sedens alia decernit, de aliis consulturum se regem esse simulat. itaque per aliquot dies cum iam exspirasset Tarquinius celata morte per speciem alienae fungendae vicis suas opes firmavit; tum demum palam factum est comploratione in regia orta. Servius praesidio firmo munitus, primus iniussu populi, voluntate patrum regnavit. Anci liberi – iam tum comprensis sceleris ministris – ut vivere regem et tantas esse opes Servi nuntiatum est, Suessam Pometiam exsulatum ierant.

52 42.1 Nec iam publicis magis consiliis Servius
53 quam privatis munire opes, et ne, qualis

lassen. «Dir, Servius», sagte sie, «wenn du Manns genug bist, gehört der Thron, nicht denen, die mit den Händen anderer diese gemeine Schandtat verübt haben. Raff dich auf und laß dich von den Göttern leiten, die einst mit heiligem Feuerschein angekündigt haben, daß dieses dein Haupt berühmt werde. Jetzt soll dich dieses himmlische Licht ermutigen. Jetzt erwache also! Auch wir haben als Fremdlinge die Königswürde gehabt; denk daran, wer du bist, nicht, woher du stammst! Wenn durch das plötzliche Ereignis dein Denken gelähmt ist, so folge wenigstens meinen Plänen!»

Als der Lärm und der Ansturm der Menge kaum mehr zu ertragen ist, spricht Tanaquil aus dem oberen Teil des Hauses durch ein Fenster, das auf die Via Nova schaut – der König wohnte nämlich beim Tempel des Iuppiter Stator – zum Volk. Man solle doch guten Mutes sein; der König sei vom erlittenen Schlag nur ohnmächtig geworden; das Eisen habe nicht tief in den Körper eingeschnitten; er sei bald wieder zu sich gekommen; nach dem Abwischen des Blutes habe man die Wunde untersucht; alles sei in Ordnung. Sie sei gewiß, daß sie ihn morgen sehen würden; bis dahin ordne sie an, daß man auf das Wort des Servius Tullius höre; er werde Recht sprechen und auch andere Pflichten des Königs übernehmen.

Servius trat mit dem Königsmantel und mit Liktoren auf, setzte sich auf den Thron und entschied einige Dinge sogleich, bei anderen gab er vor, er werde darüber den König befragen. So konnte er im Verlauf einiger Tage, als Tarquinius längst nicht mehr am Leben war, durch die Verheimlichung seines Todes die eigene Macht stärken, indem er vorgab, das Amt eines anderen auszuüben. Dann erst wurde durch die Trauer im Königshaus die Lage öffentlich bekannt. Servius aber, von einer starken Garde umgeben, herrschte als König, zunächst ohne Bestätigung durch das Volk, jedoch mit dem Einverständnis der Senatoren. Als die Helfershelfer des Verbrechens gefaßt waren, und als es hieß, der König sei am Leben und die Macht des Servius groß, gingen die Söhne des Ancus nach Suessa Pometia in die Verbannung.

Nicht nur in der Politik, auch im privaten Bereich konnte Servius seine Stellung ausbauen; damit die Tarquiniussöhne

Anci liberum animus adversus Tarquinium fuerat, talis adversus se Tarquini liberum esset, duas filias iuvenibus regiis, Lucio atque Arrunti Tarquiniis iungit; nec rupit tamen fati necessitatem humanis consiliis, quin invidia regni etiam inter domesticos infida omnia atque infesta faceret.

Foedum inhumanumque scelus

I.46.1 Servius quamquam iam usu haud dubie regnum possederat, tamen, quia interdum iactari voces a iuvene Tarquinio audiebat se iniussu populi regnare, conciliata prius voluntate plebis agro capto ex hostibus viritim diviso, ausus est ferre ad populum, vellent iuberentne se regnare; tantoque consensu, quanto haud quisquam alius ante, rex est declaratus.

neque ea res Tarquinio spem adfectandi regni minuit; immo eo impensius, quia de agro plebis adversa patrum voluntate senserat agi, criminandi Servi apud patres crescendique in curia sibi occasionem datam ratus est, et ipse iuvenis ardentis animi et domi uxore Tullia inquietum animum stimulante.

Tulit enim et Romana regia sceleris tragici exemplum, ut taedio regum maturior veniret libertas ultimumque regnum esset, quod scelere partum foret. hic L. Tarquinius – Prisci Tarquini regis filius neposne fuerit, parum liquet; pluribus tamen auctoribus filium ediderim – fratrem habuerat Arruntem Tarquinium mitis ingenii iuvenem. his duobus, ut ante dictum est, duae Tulliae regis filiae nupserant, et ipsae longe dispares moribus. forte ita inciderat, ne

nicht ebenso feindselig gegen ihn gesinnt seien, wie es die Ancussöhne gegenüber Tarquinius gewesen waren, verband er seine zwei Töchter den Königssöhnen Lucius und Arruns Tarquinius. Freilich unterbrach er mit seiner menschlichen Planung nicht den Ablauf des Schicksals, so daß der Neid auf die Königsmacht auch unter Familienmitgliedern alles unsicher und feindselig machte.

Eine abscheuliche, unmenschliche Tat

Obwohl Servius ohne Zweifel die Herrschaft besaß, einfach durch deren Ausübung, wurden doch gelegentlich Stimmen laut – wie er vom jungen Tarquinius vernahm –, daß er ohne Zustimmung des Volkes auf dem Thron sitze; da er sich vordem die Gunst des Volkes dadurch erworben hatte, daß er von neuerobertem Land jedem einzelnen ein Stück hatte zuteilen lassen, wagte er es, die Frage zum Volksentscheid zu bringen, ob sie ihm Zustimmung und Auftrag zum Regieren gäben. Da wurde er mit einer so großen Einstimmigkeit zum König erklärt wie nie ein anderer zuvor. Das schmälerte die Hoffnung des Tarquinius auf den Thron keineswegs; im Gegenteil: da er gemerkt hatte, daß die Landverteilung an das Volk ohne Einverständnis des Adels geschah, schien sich die Gelegenheit zu bieten, den Servius beim Senat anzuschwärzen und dabei selber im Rate eine bessere Stellung zu bekommen; er war ein junger Mann von feuriger Natur, und zu Hause stachelte ihn seine Gattin Tullia auf.

Auch das römische Königshaus bot ein Beispiel schweren Verbrechens, auf daß aus Widerwillen gegen Könige die Zeit für die (demokratische) Freiheit reif werde; zum letzten Mal sollte die Königsmacht mittels einer Untat erworben werden. Dieser Lucius Tarquinius – es ist übrigens nicht klar, ob er der Sohn oder der Enkel des Königs Priscus Tarquinius gewesen ist; ich beschreibe ihn, gemäß den meisten anderen Autoren, als Sohn – hatte einen Bruder, Arruns Tarquinius, einen sanften jungen Mann. Die zwei Brüder hatten, wie oben erwähnt, die beiden Töchter des Königs Tullius geheiratet, die aber ihrerseits von ganz verschiedener Wesensart waren.

duo violenta ingenia matrimonio iungerentur, fortuna credo populi Romani, quo diuturnius Servi regnum esset constituique civitatis mores possent. angebatur ferox Tullia nihil materiae in viro neque ad cupiditatem neque ad audaciam esse; tota in alterum aversa Tarquinium eum mirari, eum virum dicere ac regio sanguine ortum; spernere sororem, quod virum nacta muliebri cessaret audacia. contrahit celeriter similitudo eos, ut fere fit; malum malo aptissimum; sed initium turbandi omnia a femina ortum est. ea secretis viri alieni adsuefacta sermonibus nullis verborum contumeliis parcere de viro ad fratrem, de sorore ad virum; et se rectius viduam et illum caelibem futurum fuisse contendere, quam cum impari iungi ut elanguescendum aliena ignavia esset; si sibi eum, quo digna esset, di dedissent virum, domi se propediem visuram regnum fuisse quod apud patrem videat. celeriter adulescentem suae temeritatis implet; L. Tarquinius et Tullia minor prope continuatis funeribus cum domos vacuas novo matrimonio fecissent, iunguntur nuptiis, magis non prohibente Servio quam adprobante.

47.1 Tum vero in dies infestior Tulli senectus, infestius coepit regnum esse; iam enim ab scelere ad aliud spectare mulier scelus. nec nocte nec interdiu virum conquiescere pati, ne gratuita praeterita parricidia essent; non sibi defuisse, cui nupta diceretur, nec cum quo tacita serviret;

defuisse qui se regno dignum putaret, qui meminisset se esse
56 Prisci Tarquini filium, qui habere quam spe-
57 rare regnum mallet. «si tu is es, cui nuptam

Zufällig war es so gekommen, daß sich durch diese Heirat nicht die zwei heftigen Temperamente verbunden hatten, zum Glück für die römische Nation, wie ich meine; denn dadurch dauerte die Herrschaft des Servius länger und der Staat konnte sich eher festigen. Der heftigen Tullia ließ es keine Ruhe, daß ihr Mann so gar keine Veranlagung zu Ehrgeiz und Wagemut zeigte; sie wandte sich ganz dem anderen Tarquinius zu: ihn bewundere sie, ihn nenne sie einen Mann, einen Abkömmling aus königlichem Blute; sie verachte ihre Schwester, die es an Frauen-Kühnheit fehlen lasse, wo sie doch einen echten Mann erlangt hätte. Ihre Ähnlichkeit brachte sie zusammen, wie es eben geht; Schlechtes paßt zu Schlechtem. Aber aller Anfang des Anschlags ging von der Frau aus. Die heimlichen Gespräche mit dem anderen Mann waren ihr zur Gewohnheit geworden, und sie scheute sich nicht, ihren Mann bei seinem Bruder und ihre Schwester bei deren Mann zu verleumden; sie wolle lieber, daß sie selber Witwe und er ohne Frau wäre, als mit einem unpassenden Partner verbunden zu sein und so wegen der Untätigkeit anderer schlaff zu werden. Hätten ihr die Götter den Mann gegeben, dessen sie würdig sei, dann würden sie sehr bald in ihrem Hause die königliche Stellung haben, die sie jetzt an ihrem Vater sehe. Rasch erfüllte sie den jungen Mann mit ihrem eigenen Draufgängertum; nachdem Lucius Tarquinius und die jüngere Tullia durch kurz aufeinanderfolgende Todesfälle ihre beiden Hausstände für eine neue Ehe freigemacht hatten, verbanden sie sich in einer Heirat, die Servius eher nur zuließ als wirklich billigte.

Nun wurde aber die lange Lebenszeit des Tullius von Tag zu Tag unangenehmer, und seine Herrschaft begann unbequem zu werden; die Frau dachte nach dem einen Verbrechen schon an das nächste. Weder tags noch nachts ließ sie ihren Mann zur Ruhe kommen; die bereits verübten Verwandtenmorde sollten doch nicht umsonst gewesen sein! Es habe ihr ja nicht einfach einer gefehlt, dessen Frau sie heißen, noch einer, mit dem sie schweigend Sklavendienst verrichten könne, sondern es habe ihr jemand gefehlt, der sich des Königtums für würdig erachte, der sich bewußt sei, daß er von Tarquinius Priscus abstamme und der die Krone lieber haben als nur erhoffen wolle. «Bist du

esse me arbitror, et virum et regem appello; sin minus, eo nunc peius mutata res est, quod istic cum ignavia est scelus. quin accingeris? non tibi ab Corintho nec ab Tarquiniis, ut patri tuo, peregrina regna moliri necesse est; di te penates patriique et patris imago et domus regia et in domo regale solium et nomen Tarquinium creat vocatque regem. aut si ad haec parum est animi, quid frustraris civitatem? quid te ut regium iuvenem conspici sinis? Facesse hinc Tarquinios aut Corinthum; devolvere retro ad stirpem, fratri similior quam patri.»

His aliisque increpando iuvenem instigat, nec conquiescere ipsa potest si, cum Tanaquil, peregrina mulier, tantum moliri potuisset animo, ut duo continua regna viro ac deinceps genero dedisset, ipsa regio semine orta nullum momentum in dando adimendoque regno faceret.

His muliebribus instinctus furiis Tarquinius circumire et prensare minorum maxime gentium patres; admonere paterni beneficii ac pro eo gratiam repetere; allicere donis iuvenes; cum de se ingentia pollicendo tum regis criminibus omnibus locis crescere.

Postremo ut iam agendae rei tempus visum est, stipatus agmine armatorum in forum inrupit. inde omnibus perculsis pavore, in regia sede pro curia sedens patres in curiam per praeconem ad regem Tarquinium citari iussit. convenere extemplo, alii iam ante ad hoc praeparati, alii metu, ne non venisse fraudi esset, novitate ac miraculo attoniti et iam de Servio actum rati. ibi Tarquinius maledicta ab stirpe

wirklich der, den ich geheiratet zu haben glaube, so spreche ich mit dir wie mit einem Mann und König; wenn nicht, so steht es um uns jetzt schlechter als vorher, weil zu dem Verbrechen noch Schlaffheit hinzugekommen ist. Warum machst du dich nicht bereit? Du mußt dir ja nicht von Korinth oder – wie dein Vater – von Tarquinii kommend eine fremde Krone verschaffen; die Götter des Hauses und des Vaterlandes, das Bild des Vaters, die Königsburg und der Thron darin und dein tarquinischer Name machen und berufen dich zum König. Wenn du dazu aber keinen Mut hast, was enttäuschst du dann die Bürger? Was läßt du dich als jungen Königssohn bewundern? Scher dich fort, nach Tarquinii oder Korinth! Fall dorthin zurück, von wo du herkommst, wenn du lieber dem Bruder gleichen willst als dem Vater!»

Indem sie den Mann mit solchen und anderen Worten beschimpft, stachelt sie ihn auf; sie kann selbst nicht zur Ruhe kommen; sollte sie – nachdem die Ausländerin Tanaquil so viel Beherztheit hatte aufbringen können, daß sie zweimal nacheinander die Krone erst dem Mann, dann dem Schwiegersohn verschafft hatte – nun selber, königlichen Blutes, keinen Anlaß finden, die Krone weiterzugeben oder zu bekommen?

So von den Wahnvorstellungen einer Frau getrieben, geht Tarquinius herum und sucht vor allem die Gunst der Senatoren aus niedrigerem Adel zu gewinnen. Er erinnert sie sie an die Wohltaten des Vaters und fordert dafür Dankbarkeit; die Jüngeren lockt er mit Geschenken; durch alle möglichen eigenen Versprechungen und durch Verfehlungen des Königs gewinnt er allerorts Ansehen.

Als er schließlich glaubte, die Zeit zum Handeln sei gekommen, brach er, umringt von einer Schar Bewaffneter, aufs Forum ein. Als alle erschreckt geflohen waren, setzte er sich vor dem Ratshaus auf den Thron und ließ durch einen Herold die Senatoren zum König Tarquinius rufen. Sie kamen unverzüglich, die einen weil sie darauf vorbereitet waren, andere aus Angst, daß es ihnen schlecht bekommen würde, falls sie nicht erschienen; sie waren von der Neuartigkeit des Vorfalls verblüfft und glaubten schon, es sei um Servius geschehen. Da begann Tarquinius die ärgsten Schmähungen wegen dessen

ultima orsus; servum servaque natum post mortem indignam parentis sui, non interregno ut antea inito, non comitiis habitis, non per suffragium populi, non auctoribus patribus, muliebri dono regnum occupasse. Ita natum, ita creatum regem, fautorem infimi generis hominum ex quo ipse sit, odio alienae honestatis ereptum primoribus agrum sordidissimo cuique divisisse;

omnia onera, quae communia quondam fuerint, inclinasse in primores civitatis; instituisse censum, ut insignis ad invidiam locupletiorum fortuna esset et parata unde, ubi vellet, egentissimis largiretur.

48.1 Huic orationi Servius cum intervenisset trepido nuntio excitatus, extemplo a vestibulo curiae magna voce «quid hoc,» inquit, «Tarquini, rei est? qua tu audacia me vivo vocare ausus es patres aut in sede considere mea?» cum ille ferociter ad haec – se patris sui tenere sedem; multo quam servum potiorem filium regis regni heredem; satis illum diu per licentiam eludentem insultasse dominis – clamor ab utriusque fautoribus oritur et concursus populi fiebat in curiam, apparebatque regnaturum, qui vicisset. tum Tarquinius necessitate iam ipsa cogente ultima audere, multo et aetate et viribus validior, medium arripit Servium elatumque e curia in inferiorem partem per gradus deiecit; inde ad cogendum senatum in curiam rediit. fit fuga regis apparitorum atque comitum; ipse prope exsanguis, cum semianimis regio comitatu domum se reciperet, ab
60 iis, qui missi ab Tarquinio fugientem con-
61 secuti erant, interficitur. creditur, quia non

Abstammung auszustoßen: Ein Sklave, Sohn einer Sklavin, habe nach dem entwürdigenden Tode seines Vaters, nicht – wie früher üblich – unter Einhaltung des Zwischenkönigtums, sondern ohne Volksversammlung, ohne Zustimmung des Volkes, ohne Unterstützung durch den Senat, nur aus der Hand eines Weibes die Königsherrschaft übernommen. So sei dieser König entstanden, so sei er gewählt worden; als ein Günstling der untersten Schicht, aus der er selber stamme, habe er von dem Ackerland, das er aus Haß auf den ihm fremden ehrbaren Stand den Vornehmsten weggenommen habe, jedem beliebigen Schmutzkerl etwas abgegeben; alle Lasten, die früher gemeinsam getragen worden seien, habe er auf die adligen Bürger abgewälzt. Den Census habe er nur deshalb eingeführt, damit der Wohlstand der Reicheren dem Neid ausgesetzt sei und nur dazu diene, daß nach Belieben den Ärmsten davon abgegeben werden könne.

Als während dieser Rede Servius herbeikam, von einem Boten eiligst hergeholt, rief er noch in der Vorhalle zum Ratshaus mit lauter Stimme: «Was ist los, Tarquinius? Woher nimmst du die Frechheit, den Senat zusammenzurufen und auf meinem Thron zu sitzen, da ich doch lebe?» Als jener ungestüm darauf antwortete – er sitze auf dem Sitz seines Vaters; viel eher als ein Sklave sei der Sohn des Königs Erbe der Krone; lange genug habe Servius willkürlich Spott getrieben mit der Oberschicht –, da erhoben die Anhänger des einen wie des andern lauten Lärm, das Volk lief beim Ratshaus zusammen, und es wurde klar, daß derjenige König sein werde, der hier die Oberhand gewinnen würde. Da die Notwendigkeit ihn dazu zwang, wagte Tarquinius das Äußerste; er war aufgrund des Alterunterschieds körperlich der Stärkere; so packte er den Servius in der Mitte, trug ihn aus dem Ratsgebäude und warf ihn die Treppe hinunter; danach ging er zurück, um den Senat in die Hand zu bekommen. Von den Dienern und Begleitern des Königs entflohen viele; er selbst, schon am Verbluten und halb ohnmächtig, versuchte, sich mit Hilfe des Gefolges nach Hause zu retten, wurde aber von Leuten, die ihn auf Geheiß des Tarquinius verfolgten, auf der Flucht umgebracht. Man nimmt an, dies sei auf Anraten der Tullia geschehen, da sie auch vor

abhorret a cetero scelere, admonitu Tulliae id factum. carpento certe, id quod satis constat, in forum invecta nec reverita coetum virorum evocavit virum e curia regemque prima appellavit. a quo facessere iussa ex tanto tumultu cum se domum reciperet pervenissetque ad summum Cyprium vicum, ubi Dianium nuper fuit, flectenti carpentum dextra in Vrbium clivum, ut in collem Esquiliarum eveheretur, restitit pavidus atque inhibuit frenos is, qui iumenta agebat, iacentemque dominae Servium trucidatum ostendit. foedum inhumanumque inde traditur scelus monumentoque locus est – Sceleratum vicum vocant – quo amens, agitantibus furiis sororis ac viri, Tullia per patris corpus carpentum egisse fertur partemque sanguinis ac caedis paternae cruento vehiculo, contaminata ipsa respersaque, tulisse ad penates suos virique sui, quibus iratis malo regni principio similes propediem exitus sequerentur.

Ser. Tullius regnavit annos quattuor et quadraginta ita, ut bono etiam moderatoque succedenti regi difficilis aemulatio esset; ceterum id quoque ad gloriam accessit, quod cum illo simul iusta ac legitima regna occiderunt. id ipsum tam mite ac tam moderatum imperium tamen, quia unius esset, deponere eum in animo habuisse quidam auctores sunt, ni scelus intestinum liberandae patriae consilia agitanti intervenisset.

49.1 Inde L. Tarquinius regnare occepit, cui Superbo cognomen facta indiderunt, quia socerum gener sepultura prohibuit, Romulum quoque insepultum perisse dictitans, primoresque patrum, quos Servi rebus favisse credebat, interfecit; conscius deinde

einem anderen Verbrechen nicht zurückschreckte: Sie kam jedenfalls mit einem Wagen – dies steht eindeutig fest – auf das Forum; ohne Scheu vor der Männerversammlung ließ sie ihren Mann aus dem Rate herausrufen und sprach ihn als erste mit «König» an. Als man sie aufforderte, von hier zu verschwinden, machte sie sich aus dem Durcheinander auf den Weg nach Hause; ganz oben an der kyprischen Straße angelangt, wo vor kurzem noch das Diana-Heiligtum stand, ließ sie den Wagen nach rechts zum Urbischen Hügel lenken, um wieder den Esquilin hinaufzufahren; da hielt der Mann, der das Gespann führte, schreckensbleich inne, zog die Zügel an und zeigte seiner Herrin den Servius, der niedergemetzelt da lag. Hier nun wird eine abscheuliche und unmenschliche Tat überliefert und muß erwähnt werden (man nennt den Ort noch heute «Frevlergasse»): In ihrem Wahnsinn, gehetzt von den Rachegeistern ihrer Schwester und deren Mannes, soll Tullia mit dem Wagen die Leiche ihres Vaters überfahren und so ihren Anteil am Blut, am Tod ihres Vaters mit blutigem Fahrzeug, selber befleckt und besudelt, vor die eigenen Hausgötter und die ihres Mannes gebracht haben; und da diese erzürnt waren, sollte für das Königtum bald ein Ende folgen, das zum üblen Anfang paßte.

Servius Tullius hatte 44 Jahre lang regiert, und zwar auf eine Weise, daß es auch für einen guten und besonnenen Nachfolger nicht leicht gewesen wäre, es ihm gleichzutun. Außerdem trug zu seinem Ruhme bei, daß mit ihm gleichzeitig das gerechte und gesetzmäßige Herrschen zu Ende ging. Und sogar diese recht sanfte und zurückhaltend ausgeübte Macht gedachte er abzulegen, da sie die Macht eines Einzelnen sei – so berichten einige Autoren. (Er hätte es getan), wäre nicht das verwandtschaftliche Verbrechen dazwischengekommen, als er den Plan faßte, sein Vaterland in die Freiheit zu führen.

Danach begann Tarquinius, König zu sein; seine Taten trugen ihm den Namen «der Hochmütige» ein, da er als Schwiegersohn dem Vater das Begräbnis verweigerte, indem er immer wieder verlauten ließ, auch Romulus sei nicht begraben worden; die vornehmsten Senatoren, die, wie er glaubte, den Servius begünstigt hatten, ließ er umbringen. Im Bewußt-

male quaerendi regni ab se ipso adversus se exemplum capi posse, armatis corpus circumsaepsit; neque enim ad ius regni quicquam praeter vim habebat, ut qui neque populi iussu neque auctoribus patribus regnaret.

Liberator populi Romani animus

I.56.4 Haec agenti portentum terribile visum: anguis ex columna lignea elapsus cum terrorem fugamque in regiam fecisset, ipsius regis non tam subito pavore perculit pectus quam anxiis implevit curis. itaque cum ad publica prodigia Etrusci tantum vates adhiberentur, hoc velut domestico exterritus visu Delphos ad maxime inclitum in terris oraculum mittere statuit. neque responsa sortium ulli alii committere ausus, duos filios per ignotas ea tempestate terras, ignotiora maria in Graeciam misit.

Titus et Arruns profecti; comes iis additus L. Iunius Brutus, Tarquinia sorore regis natus, iuvenis longe alius ingenio quam cuius simulationem induerat. is cum primores civitatis, in quibus fratrem suum, ab avunculo interfectum audisset, neque in animo suo quicquam regi timendum neque in fortuna concupiscendum relinquere statuit contemptuque tutus esse, ubi in iure parum praesidii esset. ergo ex industria factus ad imitationem stultitiae, cum se suaque praedae esse regi sineret, Bruti quoque haud abnuit cognomen, ut sub eius obtentu cognominis liberator ille populi Romani animus latens opperiretur
64 tempora sua.

65 Is tum ab Tarquiniis ductus Delphos,

sein, daß man nach seinem Beispiel auf dieselbe ungute Art ihm die Krone abzunehmen versuchen könnte, umgab er sich mit einer bewaffneten Leibgarde; er hatte nur mit Gewalt das Recht auf den Thron erlangt, und so herrschte er sowohl ohne Bestätigung durch das Volk als auch ohne Billigung der Senatoren.

Der Wille, das römische Volk zu befreien

Als er damit beschäftigt war, erschien ihm ein beängstigendes Zeichen: eine Schlange die von einem hölzernen Pfeiler herabglitt, hatte eine ängstliche Flucht ins Innere der Burg bewirkt. Den König selber versetzte sie nicht so sehr in plötzlichen Schrecken, als daß sie ihn mit beklemmender Sorge erfüllte. Weil die etruskischen Wahrsager nur bei staatlichen Vorzeichen zu Rate gezogen wurden, beschloß er, sozusagen von einer häuslichen Erscheinung geängstigt, das in allen Ländern berühmteste Orakel zu befragen: Delphi. Und da er die Antwort des Orakels nicht irgend jemandem sonst anzuvertrauen wagte, sandte er seine zwei Söhne durch die damals noch unbekannten Länder und die noch weniger bekannten Meere nach Griechenland.

Titus und Arruns machten sich auf; als Begleiter wurde ihnen Lucius Iunius Brutus beigegeben, ein Sohn der Tarquinia, der Schwester des Königs, ein junger Mann von ganz anderer Veranlagung als er vorgab. Nachdem er vernommen hatte, hochstehende Bürger, darunter sein Bruder, seien von seinem Oheim umgebracht worden, nahm er sich vor, nichts zu tun, wovor sich der König zu fürchten hätte, und von seinem Vermögen nichts übrigzulassen, was der König begehren könnte, und in der Bedeutungslosigkeit sicher zu leben, wo auf die Gerechtigkeit so wenig Verlaß war. Absichtlich täuschte er Dummheit vor, indem er sich und seinen Besitz dem König als Unterpfand überließ; auch wehrte er sich nicht gegen den Beinamen «Brutus», damit das hinter diesem Namen verborgene Vorhaben, die römische Nation zu befreien, ihre Gelegenheit abwarten könne.

Nun ließ er sich also von den beiden Tarquiniern nach

ludibrium verius quam comes, aureum baculum inclusum corneo cavato ad id baculo tulisse donum Apollini dicitur, per ambages effigiem ingenii sui. quo postquam ventum est, perfectis patris mandatis cupido incessit animos iuvenum sciscitandi, ad quem eorum regnum Romanum esset venturum. ex infimo specu vocem redditam ferunt: «imperium summum Romae habebit, qui vestrum primus, o iuvenes, osculum matri tulerit.» Tarquinii, ut Sextus, qui Romae relictus fuerat, ignarus responsi expersque imperii esset, rem summa ope taceri iubent; ipsi inter se uter prior, cum Romam redisset, matri osculum daret, sorti permittunt. Brutus alio ratus spectare Pythicam vocem, velut si prolapsus cecidisset, terram osculo contigit, scilicet, quod ea communis mater omnium mortalium esset. reditum inde Romam, ubi adversus Rutulos bellum summa vi parabatur.

57.1 Ardeam Rutuli habebant, gens, ut in ea regione atque in ea aetate, divitiis praepollens; eaque ipsa causa belli fuit, quod rex Romanus cum ipse ditari, exhaustus magnificentia publicorum operum, tum praeda delenire popularium animos studebat, praeter aliam superbiam regno infestos etiam quod se in fabrorum ministeriis ac servili tam diu habitos opere ab rege indignabantur.

Temptata res est, si primo impetu capi Ardea posset; ubi id parum processit, obsidione munitionibusque coepti premi hostes. in his stativis, ut fit longo magis quam acri bello, satis liberi commeatus erant, primoribus tamen magis quam mi-

Delphi führen, eher ein Gegenstand für Spott als ein echter Gefährte. Er soll einen goldenen Stab, eingeschlossen in einem dazu ausgehöhlten Stab aus Kornelholz, als Geschenk für Apollo mit sich getragen haben, gleichnishaft ein Abbild seiner Denkweise. Als sie angekommen waren und die Aufträge des Vaters erledigt hatten, wurden die jungen Männer von Neugier erfaßt, wem von ihnen die Herrschaft in Rom zufallen werde. Aus der Tiefe der Höhle ertönten, wie es heißt, folgende Worte: «Die höchste Macht in Rom wird der haben, der als erster von euch, ihr jungen Männer, der Mutter einen Kuß gibt.» Die Tarquinier geben sich das Wort, die Sache ganz und gar zu verschweigen, damit Sextus, der in Rom geblieben war, die Antwort nicht erfahre und so von der Herrschaft ausgeschlossen bleibe; welcher von ihnen beiden zuerst der Mutter einen Kuß geben werde, wenn sie wieder in Rom angelangt wären, wollen sie dem Schicksal überlassen. Brutus glaubte, das Wort der Pythia anders zu verstehen; wie wenn er ausgeglitten und gestürzt wäre, gab er der Erde einen Kuß, weil sie ja die gemeinsame Mutter aller sei. Sie kehrten nach Rom zurück, wo gerade mit aller Macht der Krieg gegen die Rutuler vorbereitet wurde.

Ardea war im Besitz der Rutuler, eines Volkes, das innerhalb dieses Gebietes und gemäß den damaligen Verhältnissen von Reichtum strotzte. Gerade dies war der Anlaß für einen Krieg, weil der König Roms einerseits sich selber bereichern wollte, da er durch den Aufwand für öffentliche Bauten kein Geld mehr hatte, andrerseits die Gemüter der einfachen Leute mit Kriegsbeute besänftigen wollte; abgesehen von anderen Auswirkungen des Hochmuts waren diese dem Königtum vor allem deshalb feindlich gesinnt, weil sie vom Herrscher mit Handwerkerdiensten und mit allzu langer Fronarbeit gedemütigt worden waren.

Es wurde der Versuch gemacht, ob Ardea im ersten Ansturm erobert werden könne; als das keinen Erfolg brachte, wurde damit begonnen, den Feind durch Belagerung und Verschanzungen unter Druck zu setzen. In diesen Standlagern war der Umgang untereinander recht locker, wie es so geht in einem Krieg, der mehr hingezogen als ernsthaft geführt wird, bei

litibus; regii quidem iuvenes interdum otium conviviis comisationibusque inter se terebant. forte potantibus his apud Sex. Tarquinium, ubi et Collatinus cenabat Tarquinius, Egeri filius, incidit de uxoribus mentio. Suam quisque laudare miris modis; inde certamine accenso Collatinus negat verbis opus esse; paucis id quidem horis posse sciri, quantum ceteris praestet Lucretia sua. «quin, si vigor iuventae inest, conscendimus equos invisimusque praesentes nostrarum ingenia? id cuique spectatissimum sit, quod necopinato viri adventu occurrerit oculis.» incaluerant vino; «age sane» omnes; citatis equis avolant Romam. quo cum primis se intendentibus tenebris pervenissent, pergunt inde Collatiam, ubi Lucretiam haudquaquam ut regias nurus, quas in convivio lusuque cum aequalibus viderant tempus terentes, sed nocte sera deditam lanae inter lucubrantes ancillas in medio aedium sedentem inveniunt. muliebris certaminis laus penes Lucretiam fuit. adveniens vir Tarquiniique excepti benigne; victor maritus comiter invitat regios iuvenes. ibi Sex. Tarquinium mala libido Lucretiae per vim stuprandae capit; cum forma tum spectata castitas incitat. Et tum quidem ab nocturno iuvenali ludo in castra redeunt.

58.1 Paucis interiectis diebus Sex. Tarquinius inscio Collatino cum comite uno Collatiam venit. ubi exceptus benigne ab ignaris consilii cum post cenam in hospitale cubiculum deductus esset, amore ardens, postquam satis tuta circa sopitique omnes videbantur, stricto gladio ad dormientem Lucretiam venit sinistraque manu mulieris pectore op-

den adligen Führern mehr als bei der Truppe. Vor allem die jungen Herren aus der Königsfamilie vertrieben sich manchmal die Zeit mit Gelagen und ausgelassenem Tun. Einmal, als sie bei Sextus Tarquinius zechten – Collatinus, auch ein Tarquinier, Sohn des Egerius, war ebenfalls eingeladen –, kam das Gespräch auf die Frauen. Jeder lobte die seine in den höchsten Tönen. Als daraus ein Streit entstand, sagte Collatinus, es bedürfe gar keiner Worte; schon in wenigen Stunden könne man sich überzeugen, wie sehr seine Lucretia den anderen überlegen sei. «Warum besteigen wir nicht unsere Pferde – wir sind doch jung und stark – und prüfen das Verhalten unserer Frauen? Das ist für jeden das Überzeugendste, was er beim unerwarteten Kommen des Ehemanns mit eigenen Augen sieht!» Sie waren vom Wein erhitzt. «Also los!» rufen alle; im Galopp eilen sie nach Rom. Wie sie zu Beginn der Dämmerung dort sind, reiten sie weiter nach Collatia, wo sie Lucretia ganz und gar nicht so antreffen wie die Schwiegertöchter des Königshauses, die ihre Zeit, wie die Männer gesehen hatten, mit Gleichaltrigen beim Gelage oder in Schwelgereien hinbrachten; vielmehr finden sie sie noch spät nachts bei der Wollarbeit sitzen, mitten unter den bei Kerzenschein arbeitenden Mägden im Innern des Hauses. Der Sieg im Wettstreit um die Frauen trägt natürlich Lucretia davon. Der angekommene Mann und die andern Tarquinier werden freundlich empfangen; großzügig lädt der siegreiche Ehemann die jungen Leute aus dem Königshause bei sich ein. Dort nun erfaßt den Sextus Tarquinius die böse Lust, Lucretia gewaltsam zu schänden; es reizt ihn ihre Schönheit, fast mehr jedoch ihre auffallende Zurückhaltung. Aber dann kehren sie von ihrem nächtlichen Jungenstreich ins Lager zurück.

Nach einigen Tagen kommt Sextus Tarqunius ohne Wissen des Collatinus mit einem Begleiter nach Collatia. Als er freundlich aufgenommen wird, da niemand ahnt, was er im Sinn hat, und nach dem Mahl im Gästezimmer untergebracht ist, schleicht er, brennend vor Leidenschaft, nachdem alles ringsum sicher genug und alle zu schlafen scheinen, mit gezücktem Schwert zu Lucretia, die tief schläft, preßt der Frau seine linke Hand auf die Brust und sagt: «Still, Lucretia! Ich

presso «tace, Lucretia,» inquit; «Sex. Tarquinius sum; ferrum in manu est; moriere, si emiseris vocem.» cum pavida ex somno mulier nullam opem, prope mortem imminentem videret, tum Tarquinius fateri amorem, orare, miscere precibus minas, versare in omnes partes muliebrem animum. ubi obstinatam videbat et ne mortis quidem metu inclinari, addit ad metum dedecus; cum mortua iugulatum servum nudum positurum ait, ut in sordido adulterio necata dicatur.

Quo terrore cum vicisset obstinatam pudicitiam velut victrix libido, profectusque inde Tarquinius ferox expugnato decore muliebri esset, Lucretia maesta tanto malo nuntium Romam eundem ad patrem Ardeamque ad virum mittit, ut cum singulis fidelibus amicis veniant; ita facto maturatoque opus esse; rem atrocem incidisse.

Sp. Lucretius cum P. Valerio Volesi filio, Collatinus cum L. Iunio Bruto venit, cum quo forte Romam rediens ab nuntio uxoris erat conventus. Lucretiam sedentem maestam in cubiculo inveniunt. adventu suorum lacrimae obortae, quaerentique viro «satin salve?» «minime» inquit; «quid enim salvi est mulieri amissa pudicitia? vestigia viri alieni, Collatine, in lecto sunt tuo; ceterum corpus est tantum violatum, animus insons; mors testis erit. sed date dexteras fidemque haud impune adultero fore. Sex. est Tarquinius, qui hostis pro hospite priore nocte vi armatus mihi sibique, si vos viri estis, pestiferum hinc abstulit gaudium.» dant ordine omnes fidem;
70 consolantur aegram animi avertendo no-
71 xam ab coacta in auctorem delicti; mentem

bin Sextus Tarquinius; ich habe eine Waffe in der Hand; gib keinen Laut von dir, sonst wirst du sterben!» Als die Frau schreckensbleich aus dem Schlaf erwacht, keinerlei Hilfe, sondern den Tod vor Augen sieht, da gesteht ihr Tarquinius seine Liebe, fleht sie an, mischt seinen Bitten noch Drohungen bei, bringt die Frau von einem Entschluß zum andern. Als er merkt, daß sie sich ihm verweigern will und sich auch durch die Drohung mit dem Tod nicht umstimmen läßt, fügt er zur Angst noch die Entehrung: er sagt, er werde sie töten und dann einen erdrosselten Sklaven nackt neben sie legen, damit es heiße, sie sei in schmutzigem Ehebruch umgekommen.

Als mit so gewaltsamer Bedrohung die Wollust der widerstehenden Schamhaftigkeit sozusagen siegreich Herr geworden ist, macht sich Tarquinius auf und davon, noch wild von der Eroberung der Frauenehre. Lucretia, traurig in ihrem großen Leid, sendet einen Boten zum Vater nach Rom und dann nach Ardea zu ihrem Mann; sie möchten mit einigen Getreuen zu ihr kommen; man müsse handeln, und zwar schnell; es sei etwas Furchtbares passiert.

Spurius Lucretius kommt mit Publius Valerius, dem Sohn des Volesius, Collatinus mit Lucius Iunius Brutus, den er zufällig getroffen hatte, als er sich auf die Botschaft seiner Frau hin nach Rom begab. Sie finden Lucretia, wie sie traurig in ihrem Schlafgemach sitzt. Bei der Ankunft ihrer Angehörigen bricht sie in Tränen aus, und als der Mann fragt «Geht alles gut?», erwidert sie «Nein, gar nicht; wie kann es einer Frau gut gehen, die ihre Ehre verloren hat? In deinem Ehebett, Collatinus, sind Spuren eines fremden Mannes! Es ist nur dem Körper Gewalt angetan worden; mein Inneres ist unberührt; der Tod wird dafür Zeuge sein. Aber gebt jetzt einander die rechte Hand und schwört, daß der Ehebrecher nicht ungestraft bleibe! Es ist Sextus Tarquinius, der als Feind unter der Maske des Freundes in der letzten Nacht mit Waffengewalt mir und, wenn ihr Männer seid, auch sich selbst ein todbringendes Vergnügen bereitet hat!» Der Reihe nach leisten alle den Schwur; sie trösten die verzweifelte Frau, indem sie die Schuld von ihr, die ja gezwungen worden sei, auf den Täter abschieben; der

peccare, non corpus, et unde consilium afuerit culpam abesse. «vos» inquit «videritis, quid illi debeatur; ego me etsi peccato absolvo, supplicio non libero; nec ulla deinde impudica Lucretiae exemplo vivet.» cultrum, quem sub veste abditum habebat, eum in corde defigit, prolapsaque in volnus moribunda cecidit. conclamat vir paterque.

59.1 Brutus illis luctu occupatis, cultrum ex volnere Lucretiae extractum manante cruore prae se tenens, «per hunc» inquit «castissimum ante regiam iniuriam sanguinem iuro, vosque, di, testes facio me L. Tarquinium Superbum cum scelerata coniuge et omni liberorum stirpe ferro igni quacumque dehinc vi possim exsecuturum, nec illos nec alium quemquam regnare Romae passurum.» cultrum deinde Collatino tradit, inde Lucretio ac Valerio, stupentibus miraculo rei, unde novum in Bruti pectore ingenium. ut praeceptum erat, iurant; totique ab luctu versi in iram, Brutum iam inde ad expugnandum regnum vocantem sequuntur ducem.

Elatum domo Lucretiae corpus in forum deferunt, concientque miraculo, ut fit, rei novae atque indignitate homines. Pro se quisque scelus regium ac vim queruntur. movet cum patris maestitia, tum Brutus castigator lacrimarum atque inertium querelarum auctorque quod viros, quod Romanos deceret, arma capiendi adversus hostilia ausos. Ferocissimus quisque iuvenum cum armis voluntarius adest; sequitur et cetera iuventus. inde praesidio relicto Collatiae ad portas custodibusque datis ne quis eum motum regibus nuntiaret, ceteri armati duce Bruto Romam profecti.

Geist begehe Sünden, nicht der Körper, und wo die Absicht fehle, sei auch keine Schuld vorhanden. «Ihr», sagt sie, «mögt sehen, was jenem Manne zukommt; aber wenn ich mich auch von Schuld lossprеche, befreie mich doch nicht von der Strafe; und von nun an soll nach dem Beispiel der Lucretia keine entehrte Frau weiterleben!» Das Messer, das sie unter ihrem Kleid versteckt gehalten hatte, stößt sie sich ins Herz, sinkt in ihrer Verwundung zusammen und fällt sterbend zu Boden. Der Mann und der Vater schreien auf.

Während sie in ihrem Schmerz verharren, zieht Brutus der Lucretia das Messer aus der Wunde, hält es bluttriefend vor sich hin und ruft: «Bei diesem reinsten Blute, von königlichem Unrecht verschuldet, schwöre ich, und mache euch, ihr Götter, zu Zeugen: Ich werde den Lucius Tarquinius Superbus samt seinem verruchten Weibe und seiner ganzen Nachkommenschaft mit Feuer und Schwert, mit jeder nur möglichen Kraft verfolgen und werde nie mehr dulden, daß sie oder sonst jemand König sei in Rom!» Nun reicht er das Messer dem Collatinus, dann dem Lucretius und dem Valerius, die sich erstaunt fragen, woher die neue Gesinnung im Herzen des Brutus stamme. Sie schwören nach seinem Vorbild; schon hat sich ihre Trauer in Zorn verwandelt, und sie folgen dem Brutus als ihrem Führer, der dazu aufruft, das Königtum zu stürzen.

Vom Hause wird die Leiche der Lucretia aufs Forum gebracht; die Merkwürdigkeit des neuartigen Geschehens und seine Schändlichkeit ziehen viele Leute an. Jedermann beklagt bei sich das Verbrechen des Mannes aus der Königsfamilie und die Gewalttat. Eindruck macht die Verzweiflung des Vaters, aber auch Brutus, der das Jammern und die unnützen Klagen unterbindet und deutlich macht, was sich für echte Männer, was sich für Römer geziemen würde: sie sollten es wagen, gegen solche Feindseligkeiten die Waffen zu erheben. Von den jungen Männern sind die größten Draufgänger mit der Waffe bereit, aber auch die anderen jungen Leute folgen. Dann werden unter der Leitung des Vaters in Collatia Wachen zurückgelassen, damit nicht jemand dem Königshause vom Aufstand Meldung mache; die übrigen bewaffnen sich und ziehen unter Führung des Brutus nach Rom.

Vbi eo ventum est, quacumque incedit armata multitudo, pavorem ac tumultum facit; rursus ubi anteire primores civitatis vident, quidquid sit, haud temere esse rentur. nec minorem motum animorum Romae tam atrox res facit quam Collatiae fecerat; ergo ex omnibus locis urbis in forum curritur. quo simul ventum est, praeco ad tribunum celerum, in quo tum magistratu forte Brutus erat, populum advocavit.

Ibi oratio habita nequaquam eius pectoris ingeniique quod simulatum ad eam diem fuerat, de vi ac libidine Sex. Tarquini, de stupro infando Lucretiae et miserabili caede, de orbitate Tricipitini, cui morte filiae causa mortis indignior ac miserabilior esset. addita superbia ipsius regis miseriaeque et labores plebis in fossas cloacasque exhauriendas demersae; Romanos homines, victores omnium circa populorum, opifices ac lapicidas pro bellatoribus factos. indigna Ser. Tulli regis memorata caedes et invecta corpori patris nefando vehiculo filia, invocatique ultores parentum di. his atrocioribusque, credo, aliis, quae praesens rerum indignitas haudquaquam relatu scriptoribus facilia subiecit, memoratis incensam multitudinem perpulit, ut imperium regi abrogaret exsulesque esse iuberet L. Tarquinium cum coniuge ac liberis. ipse, iunioribus qui ultro nomina dabant lectis armatisque, ad concitandum inde adversus regem exercitum Ardeam in castra est profectus; imperium in urbe Lucretio, praefecto urbis iam ante ab rege instituto, re-
74 linquit. inter hunc tumultum Tullia do-
75 mo profugit exsecrantibus, quacumque

Dort angelangt, verbreitet die bewaffnete Schar überall, wo sie hinkommt, Schrecken und Aufruhr; sobald die Leute aber merken, daß die angesehensten Männer vorausgehen, halten sie die Sache nicht für tollkühn, was immer es sei. In Rom verursacht die grauenhafte Untat nicht weniger Aufregung als sie es in Collatia getan hatte; so strömt man aus der ganzen Stadt auf dem Forum zusammen. Als alle da sind, ruft ein Herold die Menge auf, sich beim Führer der Ritterschaft zu versammeln; dieses Amt hatte damals gerade Brutus inne.

Der hält nun eine Rede, und zwar gar nicht in der Denkart und Gesinnung, die er bis zu diesem Tag vorgetäuscht hatte. Er spricht nämlich von der Gewalttätigkeit und der Willkür des Sextus Tarquinius, von der unerhörten Schändung der Lucretia und ihrem jämmerlichen Tod, von der Verwaisung des Tricipitinus, für den durch den Tod seiner Tochter der Anlaß zu ihrem Sterben noch gemeiner und erbärmlicher wurde. Er spricht des weiteren vom Hochmut des Königs selbst, vom Elend und von den Mühsalen des Volkes, das zum Ausheben von Gräben und Kloaken herabgewürdigt worden war; die Römer, Sieger über alle umliegenden Völker, seien zu Handwerkern und Steinmetzen geworden, anstatt kriegstüchtige Männer zu sein. Er erwähnt die entwürdigende Ermordung des Königs Servius Tullius, und wie dessen Tochter in abscheulicher Weise mit dem Wagen die Leiche des Vaters überfahren hatte; die Götter ruft er als Rächer der Eltern an. Mit der Erinnerung an diese und andere, noch grausigere Taten – das heutige Mißbehagen an den Verhältnissen macht es einem Schriftsteller keineswegs leichter, darüber zu berichten – brachte Brutus die erzürnte Menge dazu, dem König die Macht abzusprechen und den Lucius Tarquinius samt Frau und Nachkommen als Verbannte zu erklären. Er selbst wählte einige von den jungen Leuten aus, die sich freiwillig dazu gemeldet hatten, gab ihnen Waffen und begab sich ins Lager nach Ardea, um dort ein Heer gegen den König aufzustellen; das Kommando in Rom überläßt er dem Lucretius, der noch vom König zum Stadtpräfekten eingesetzt worden war. Während dieser wirren Vorgänge floh Tullia von zu Hause, und wo sie sich

incedebat, invocantibusque parentum furias viris mulieribusque.

60.1 Harum rerum nuntiis in castra perlatis cum re nova trepidus rex pergeret Romam ad comprimendos motus, flexit viam Brutus – senserat enim adventum – ne obvius fieret; eodemque fere tempore, diversis itineribus, Brutus Ardeam, Tarquinius Romam venerunt. Tarquinio clausae portae exsiliumque indictum; liberatorem urbis laeta castra accepere, exactique inde liberi regis. duo patrem secuti sunt, qui exsulatum Caere in Etruscos ierunt. Sex. Tarquinius Gabios tamquam in suum regnum profectus ab ultoribus veterum simultatium, quas sibi ipse caedibus rapinisque concierat, est interfectus.

L. Tarquinius Superbus regnavit annos quinque et viginti. Regnatum Romae ab condita urbe ad liberatam annos ducentos quadraginta quattuor. duo consules inde comitiis centuriatis a praefecto urbis ex commentariis Ser. Tulli creati sunt, L. Iunius Brutus et L. Tarquinius Collatinus.

LIBER IAM POPVLVS ROMANVS

Munimentum urbis Romanae

II.9.1 Inde P. Valerius iterum T. Lucretius consules facti. Iam Tarquinii ad Lartem Porsennam, Clusinum regem, perfugerant. ibi miscendo consilium precesque nunc orabant, ne se oriundos ex Etruscis eiusdem sanguinis nominisque egentes exsulare pateretur, nunc monebant etiam, ne orientem morem

auch zeigte, verfluchten Männer und Frauen sie und riefen die Rachegeister der Eltern auf sie herab.

Als man diese Geschehnisse im Lager erfuhr, machte sich der König, beunruhigt von der neuen Lage, nach Rom auf, um den Aufruhr zu unterdrücken; da änderte Brutus die Marschrichtung – er hatte nämlich diese Rückkehr geahnt –, um ihm nicht zu begegnen; etwa gleichzeitig, aber auf verschiedenen Wegen, kamen Brutus nach Ardea, Tarquinius nach Rom. Für Tarquinius waren die Stadttore verschlossen; die Verbannung wurde ausgesprochen.

Im Feldlager nahm man den Befreier der Stadt freudig auf. Die Söhne des Königs wurden weggejagt. Zwei folgten dem Vater zu den Etruskern nach Caere ins Exil; Sextus Tarquinius ging nach Gabii, um dort als König zu herrschen. Er wurde aber wegen früherer Feindschaften, die er sich mit Mord und Raub zugezogen hatte, umgebracht.

L. Tarquinius Superbus war 25 Jahre lang König gewesen. Das Königtum in Rom dauerte, von der Gründung der Stadt an bis zu ihrer Befreiung gerechnet, 244 Jahre. Nun wurden in der Volksversammlung, die vom Stadtpräfekten gemäß den Aufzeichnungen des Servius Tullius in Hunderter-Gruppen eingeteilt war, zwei Konsuln gewählt, nämlich L. Iunius Brutus und L. Tarquinius Collatinus.

DIE NUN FREIE RÖMISCHE NATION

Ein Bollwerk für Rom

Danach wurden wiederum Publius Valerius und Titus Lucretius Konsuln. Die Tarquinier hatten zu Lars Porsenna, dem König in Clusium, Zuflucht genommen. Bei ihm brachten sie teils Ratschläge teils Bitten vor: bald baten sie ihn, er solle nicht zulassen, daß man sie, die von Etruskern stammten, ja von demselben Blut und Namen seien, schutzlos vertreibe; bald warnten sie ihn davor, die neue Gewohnheit,

pellendi reges inultum sineret. satis libertatem ipsam habere dulcedinis. nisi quanta vi civitates eam expetant, tanta regna reges defendant, aequari summa infimis; nihil excelsum, nihil quod supra cetera emineat, in civitatibus fore; adesse finem regnis, rei inter deos hominesque pulcherrimae.

Porsenna cum regem esse Romae, tum Etruscae gentis regem, amplum Tuscis ratus, Romam infesto exercitu venit. non unquam alias ante tantus terror senatum invasit; adeo valida res tum Clusina erat magnumque Porsennae nomen. nec hostes modo timebant, sed suosmet ipsi cives, ne Romana plebs, metu perculsa, receptis in urbem regibus vel cum servitute pacem acciperet. multa igitur blandimenta plebi per id tempus ab senatu data. annonae in primis habita cura, et ad frumentum comparandum missi alii in Volscos, alii Cumas. salis quoque vendendi arbitrium, quia impenso pretio venibat, in publicum omne sumptum, ademptum privatis; portoriisque et tributo plebes liberata, ut divites conferrent, qui oneri ferendo essent; pauperes satis stipendii pendere, si liberos educent. itaque haec indulgentia patrum asperis postmodum rebus in obsidione ac fame adeo concordem civitatem tenuit, ut regium nomen non summi magis quam infimi horrerent, nec quisquam unus malis artibus postea tam popularis esset quam tum bene imperando universus senatus fuit.

10.1 Cum hostes adessent, pro se quisque in urbem ex agris demigrant; urbem ipsam saepiunt praesidiis. alia muris, alia Tiberi obiecto videbantur tuta; pons sublicius iter paene hostibus dedit, ni unus vir fuisset,

Könige zu vertreiben, ungestraft zuzulassen. Die Freiheit habe recht viel Verlockendes an sich. Falls die Könige nicht ebenso kraftvoll ihre Herrschaft verteidigten, wie die Bürgerschaften nach Freiheit strebten, würde das Höchste dem Niedrigsten gleich, es werde dann im Staat nichts Erhabenes geben, nichts, was hervorrage; dann sei für das Königtum, das Allerherrlichste bei Göttern und Menschen, das Ende da.

Porsenna fand, daß es für Etrusker großartig sei, König in Rom und zugleich König des Etruskerreiches zu werden; so zog er mit einem Kriegsheer nach Rom. Nie zuvor war der Senat in so großen Schrecken versetzt worden, so groß war damals die Macht von Clusium und so einflußreich der Name Porsenna, und nicht nur vor dem Feinde fürchtete er sich, sondern auch vor den eigenen Bürgern, nämlich daß das einfache Volk, von der Angst völlig durcheinander gebracht, wieder Könige in die Stadt lassen und mit dem Frieden die Sklaverei erhalten werde. So gab der Senat während dieser Zeit dem Volk zahlreiche Vergünstigungen. Besonders dem Getreidepreis wurde Aufmerksamkeit geschenkt, und es wurden Getreide-Einkäufer zu den Volskern und nach Cumae gesandt. Auch die Zuständigkeit für den Salzverkauf – Salz hatte einen sehr hohen Preis – wurde ganz der öffentlichen Hand übertragen, der Privatwirtschaft entzogen; das Volk wurde von Zöllen und Abgaben befreit, damit dies die Reichen aufbrächten, die imstande seien, Belastungen zu ertragen; die Armen machten sich genug verdient, indem sie Kinder aufzögen. So hielt die Rücksichtnahme der Senatoren für die kommenden Bedrängnisse – Belagerung und Hunger – alle Bürger so einträchtig zusammen, daß die kleinen Leute das Wort «König» genauso fürchteten wie die Großbürger, und nie war später jemals ein einzelner mit üblen Machenschaften derart volkstümlich wie damals mit seiner guten Machtausübung der gesamte Senat.

Als die Feinde da waren, zogen sie allesamt vom Land in die Stadt; die Stadt selbst umgaben sie mit Schutzmaßnahmen. Zum Teil schien die Sicherheit durch Mauern gewährleistet, zum Teil durch den davor befindlichen Tiber. Die Holzbrücke hätte den Feinden beinahe den Weg freigegeben, wäre ein

Horatius Cocles; id munimentum illo die fortuna urbis Romanae habuit. qui positus forte in statione pontis cum captum repentino impetu Ianiculum atque inde citatos decurrere hostes vidisset trepidamque turbam suorum arma ordinesque relinquere, reprehensans singulos, obsistens obtestansque deum et hominum fidem testabatur nequiquam deserto praesidio eos fugere; si transitum pontem a tergo reliquissent, iam plus hostium in Palatio Capitolioque quam in Ianiculo fore. itaque monere, praedicere, ut pontem ferro igni quacumque vi possint, interrumpant; se impetum hostium, quantum corpore uno posset obsisti, excepturum. vadit inde in primum aditum pontis, insignisque inter conspecta cedentium pugnae terga obversis comminus ad ineundum proelium armis, ipso miraculo audaciae obstupefecit hostes. duos tamen cum eo pudor tenuit, Sp. Larcium ac T. Herminium, ambos claros genere factisque. cum his primam periculi procellam et quod tumultuossisimum pugnae erat parumper sustinuit; deinde eos quoque ipsos exigua parte pontis relicta revocantibus, qui rescindebant, cedere in tutum coegit. circumferens inde truces minaciter oculos ad proceres Etruscorum nunc singulos provocare, nunc increpare omnes; servitia regum superborum, suae libertatis immemores alienam oppugnatum venire. cunctati aliquamdiu sunt, dum alius alium, ut proelium incipiant, circumspectant; pudor deinde commovit aciem, et clamore sublato undique in unum hostem tela coniciunt. quae cum in obiecto cuncta scuto
80 haesissent, neque ille minus obstinatus in-
81 genti pontem obtineret gradu, iam impetu

Mann nicht da gewesen, Horatius Cocles; er war die Festung, die das Schicksal damals Rom beschied. Er befand sich gerade als Wachtposten auf der Brücke, als er bemerkte, daß der Ianiculus in einem überraschenden Ansturm genommen war und die Feinde nun im Eilschritt herunterstürmten, daß seine Leute verängstigt die Reihen verließen und die Waffen wegwarfen; er hielt einige auf und stellte sich ihnen in den Weg; er beteuerte, indem er Götter und Menschen zu Zeugen anrief, es sei sinnlos, den Posten zu verlassen und zu fliehen; wenn sie nämlich über die Brücke zurückgingen und diese aufgäben, wären bald mehr Feinde auf dem Palatin als auf dem Ianiculus. Deshalb ermahne er sie, befehle er ihnen, die Brücke mit Waffen, mit Feuer, mit jeder möglichen Gewalt einzureißen; er selber werde den Ansturm der Feinde auffangen, so gut ein einziger Mann Widerstand leisten könne. Dann schreitet er auf der Brücke ganz nach vorn, sehr auffallend zwischen all den Rücken der Männer, die von der Kampfstätte zurückweichen, wobei er seine Waffen für den bevorstehenden Kampf von Mann zu Mann bereit hält. Gerade durch dieses Wunder an Kühnheit verblüffte er die Feinde. Das Schamgefühl ließ denn doch zwei bei ihm bleiben, Spurius Larcius und Titus Herminius, beides nach Herkommen und Tatkraft hervorragende Männer. Mit ihnen zusammen hielt Cocles der ersten Gefahr und dem wildesten Getümmel kurze Zeit stand; dann aber, als die Brücke kaum noch zusammenhielt und die, die sie einrissen, die anderen zurückriefen, befahl er auch den beiden, sich in Sicherheit zu bringen. Wilde und drohende Blicke warf er dann gegen die Anführer der Etrusker, forderte bald Einzelne zum Kampf heraus, bald stieß er Schmähungen gegen sie alle aus; als Sklaven eingebildeter Könige kämen sie, die eigene Freiheit vergessend, um die Freiheit anderer zu bekämpfen. Eine Weile zögern sie, den Kampf zu beginnen, wobei der eine den anderen ringsum anschaut. Das Schamgefühl bringt schließlich Bewegung in die Reihen; mit großem Geschrei werfen sie von allen Seiten ihre Lanzen auf den einen Gegner. Als diese nun alle im entgegenhaltenen Schild stecken blieben und er, ohne im geringsten zu wanken, breitbeinig auf der Brücke stand, versuchten sie, den Mann mit vereinter Anstren-

conabantur detrudere virum, cum simul fragor rupti pontis, simul clamor Romanorum, alacritate perfecti operis sublatus, pavore subito impetum sustinuit. tum Cocles «Tiberine pater,» inquit, «te sancte precor, haec arma et hunc militem propitio flumine accipias.» ita sic armatus in Tiberim desiluit multisque superincidentibus telis incolumis ad suos tranavit, rem ausus plus famae habituram ad posteros quam fidei. grata erga tantam virtutem civitas fuit; statua in comitio posita; agri, quantum uno die circumaravit, datum. privata quoque inter publicos honores studia eminebant; nam in magna inopia pro domesticis copiis unusquisque ei aliquid, fraudans se ipse victu suo, contulit.

11.1 Porsenna primo conatu repulsus, consiliis ab oppugnanda urbe ad obsidendam versis, praesidio in Ianiculo locato, ipse in plano ripisque Tiberis castra posuit, navibus undique accitis et ad custodiam, ne quid Romam frumenti subvehi sineret, et ut praedatum milites trans flumen per occasiones aliis atque aliis locis traiceret; brevique adeo infestum omnem Romanum agrum reddidit, ut non cetera solum ex agris, sed pecus quoque omne in urbem compelleretur, neque quisquam extra portas propellere auderet. hoc tantum licentiae Etruscis non metu magis quam consilio concessum. Namque Valerius consul intentus in occasionem multos simul et effusos improviso adoriundi, in parvis rebus neglegens ultor, gravem se ad maiora vindicem servabat. itaque ut eliceret praedatores, edicit suis postero die frequentes porta Esquilina, quae aversissima ab hoste erat, expellerent pecus, scitu-

gung hinunter zu stoßen, als das Krachen der Brücke und zugleich die freudigen Rufe der Römer, da ihr Werk geglückt war, den Angriff durch den plötzlichen Schrecken hemmten. Da rief Cocles: «Vater Tiberinus, dich, Erhabener, flehe ich an, daß du diese Rüstung und diesen Mann mit günstiger Strömung aufnimmst!» So sprang er voll bewaffnet in den Tiber und schwamm, obschon viele Geschosse auf ihn fielen, unverletzt zu den Seinen hinüber; sein Wagestück sollte bei den Nachkommen mehr in der Legende seinen Platz haben als Glauben finden. Seine Mitbürger zeigten sich dankbar für ein derartiges Beispiel an Tapferkeit; auf dem Platz der Volksversammlung wurde ein Standbild aufgestellt an Ackerland erhielt erhielt er so viel, wie er an einem Tag mit dem Pflug umgrenzen konnte. Auch die Bemühungen von privater Seite konnten sich neben den öffentlichen Ehrungen sehen lassen; denn obwohl großer Mangel an allem Notwendigen herrschte, brachte ihm jeder Einzelne etwas, das er sich vom Munde abgespart hatte.

Da Porsenna beim ersten Versuch einen Rückschlag erlitten hatte, änderte er seine Pläne von der Erstürmung der Stadt zur Belagerung, ließ auf dem Ianiculus eine Schutztruppe zurück und baute ein Lager im Flachland am Ufer des Tiber, wobei er von überall her Schiffe kommen ließ, einerseits, um kein Getreide flußaufwärts nach Rom gelangen zu lassen, andererseits, seine Truppen je nach Gelegenheit bald hier, bald dort zu Beutezügen überzusetzen. In kurzer Zeit hatte er das ganze römische Gebiet so sehr zum Kriegsgebiet gemacht, daß nicht nur alle Habe vom Land, sondern auch alles Vieh in die Stadt hineingenommen wurde und niemand mehr wagte, es vor die Stadttore zu treiben. Dieses Zugeständnis an die Bewegungsfreiheit der Etrusker geschah nicht so sehr aus Angst als mit voller Absicht. Denn der Konsul Valerius hatte im Sinn, sie bei einer Gelegenheit, wenn sie zahlreich weit herum zerstreut wären, unvermutet anzugreifen; er wollte sich damit als ein in kleinen Dingen nachlässiger Rächer zeigen, der dafür bei größeren umso härter sein würde. Um also die Beutemacher anzulocken, befahl er seinen Leuten, am nächsten Tag ihr Vieh recht zahlreich aus dem Esquilinischen Tor, das der feindlichen Seite am weitesten abgekehrt war,

ros id hostes ratus, quod in obsidione et fame servitia infida transfugerent. et sciere perfugae indicio; multoque plures, ut in spem universae praedae, flumen traiciunt. P. Valerius inde T. Herminium cum modicis copiis ad secundum lapidem Gabina via occultum considere iubet, Sp. Larcium cum expedita iuventute ad portam Collinam stare, donec hostis praetereat; inde se obicere, ne sit ad flumen reditus.

Consulum alter T. Lucretius porta Naevia cum aliquot manipulis militum egressus; ipse Valerius Caelio monte cohortes delectas educit, hique primi apparuere hosti. Herminius ubi tumultum sensit, concurrit ex insidiis, versisque in Lucretium Etruscis terga caedit; dextra laevaque, hinc a porta Collina, illinc ab Naevia, redditus clamor; ita caesi in medio praedatores, neque ad pugnam viribus pares et ad fugam saeptis omnibus viis. Finisque ille tam effuse vagandi Etruscis fuit.

Et facere et pati fortia

II.12.1 Obsidio erat nihilo minus et frumenti cum summa caritate inopia, sedendoque expugnaturum se urbem spem Porsenna habebat, cum C. Mucius, adulescens nobilis, cui indignum videbatur populum Romanum servientem, cum sub regibus esset, nullo bello nec ab hostibus ullis obsessum esse, liberum eundem populum ab iisdem Etruscis obsideri, quorum saepe exercitus fuderit – itaque magno audacique aliquo facinore eam indignitatem vindicandam ratus, primo sua

hinauszutreiben; es nahm an, daß die Feinde dies erfahren würden, da bei Hungersnot und während einer Belagerung oft untreue Dienerschaft davonläuft. Die Etrusker erfuhren es denn auch, und zwar durch Anzeige eines Überläufers. In großer Anzahl – gemäß der Hoffnung auf Beute – setzten sie über den Fluß. Publius Valerius beauftragte nun den Titus Herminius, sich unbemerkt mit wenigen Truppen beim zweiten Meilenstein an der Gabinischen Straße festzusetzen; dem Spurius Larcius befahl er, mit einer bewaffneten Schar junger Leute am Collinischen Stadttor zu warten, bis der Feind vorüberkomme; dann solle er sich ihm entgegenstellen und den Rückzug zum Fluß abschneiden. Der zweite Konsul, Titus Lucretius, marschierte mit ein paar Trupps Soldaten aus dem Naevischen Tor; Valerius selber führte ausgelesene Kohorten vom Caelius-Hügel hinab. Diese trafen als erste auf den Feind. Sobald Herminius von dem Getümmel erfuhr, stürmte er aus dem Hinterhalt hervor und fiel den dem Lucretius zugewendeten Etruskern in den Rücken; von links und von rechts, hier vom Collinischen, dort vom Naevischen Tor, erscholl Kampfeslärm. So wurden die Beutesuchenden eingekreist und niedergemacht, da sie dem Kampf keineswegs gewachsen waren; die Flucht war auf allen Wegen abgeschnitten; das freie Umherstreifen der Etrusker hatte ein Ende.

Tapfer handeln und tapfer leiden

Nichtsdestoweniger dauerte die Belagerung an; bei hoher Teuerung herrschte Mangel an Getreide; Porsenna hoffte, die Stadt durch weiteres Belagern bald einzunehmen, als Gaius Mucius, ein junger Mann aus dem Adel, es empörend fand, daß das römische Volk, das unter der Knechtschaft der Könige von keinem Krieg und von keinem Feind bedrängt worden sei, nun als freies Volk von denselben Etruskern belagert werde, deren Heere es oft in die Flucht geschlagen hatte; er kam zu dem Schluß, daß dieser unwürdige Zustand nur mit einer großen und kühnen Tat zu beenden sei und nahm sich zunächst vor, auf eigene Faust ins Lager der Feinde einzudringen; dann aber

sponte penetrare in hostium castra constituit; dein metuens, ne, si consulum iniussu et ignaris omnibus iret, forte deprehensus a custodibus Romanis retraheretur ut transfuga, fortuna tum urbis crimen adfirmante, senatum adit. «transire Tiberim,» inquit, «patres, et intrare, si possim, castra hostium volo, non praedo nec populationum in vicem ultor; maius, si di iuvant, in animo est facinus.» adprobant patres; abdito intra vestem ferro proficiscitur.

Vbi eo venit, in confertissima turba prope regium tribunal constitit. ibi cum stipendium militibus forte daretur et scriba cum rege sedens pari fere ornatu multa ageret eumque milites volgo adirent, timens sciscitari, uter Porsenna esset, ne ignorando regem semet ipse aperiret quis esset, quo temere traxit fortuna facinus, scribam pro rege obtruncat. vadentem inde, qua per trepidam turbam cruento mucrone sibi ipse fecerat viam, cum concursu ad clamorem facto comprehensum regii satellites retraxissent, ante tribunal regis destitutus, tum quoque inter tantas fortunae minas metuendus magis quam metuens, «Romanus sum» inquit «civis; C. Mucium vocant. hostis hostem occidere volui, nec ad mortem minus animi est quam fuit ad caedem; et facere et pati fortia Romanum est. nec unus in te ego hos animos gessi; longus post me ordo est idem petentium decus. proinde in hoc discrimen, si iuvat, accingere, ut in singulas horas capite dimices tuo, ferrum hostemque in vestibulo habeas regiae. hoc tibi iuventus Romana indicimus bel-
86 lum. nullam aciem, nullum proelium ti-
87 mueris; uni tibi et cum singulis res erit.»

kamen ihm Bedenken, daß er, ginge er ohne Auftrag der Konsuln und ohne Wissen der anderen, vielleicht von römischen Wachen aufgegriffen und zurückgebracht würde wie ein Überläufer, zumal die schlimme Lage der Stadt diesen Vorwurf nahelegte, und so wandte er sich an den Senat. «Den Tiber», sagte er, «will ich überqueren, Senatoren, und in das Lager der Feinde gehen, wenn ich kann; nicht als Plünderer oder als Rächer der Verwüstungen; nein, eine höhere Tat, wenn mir die Götter beistehen, habe ich im Sinn.» Der Senat stimmt zu; mit einem im Gewand verborgenen Messer macht er sich auf.

Wie er dort ankommt, bleibt er inmitten einer dichten Menschenmenge nicht weit von dem erhöhten Sitz des Königs stehen. Da wird den Soldaten gerade der Sold verteilt; ein Sekretär sitzt neben dem König, in ähnlich prächtiger Kleidung, und ist sehr beschäftigt, und an ihn wenden sich die Soldaten. Mucius wagt nicht, sich zu erkundigen, welcher von beiden Porsenna sei, damit er nicht, indem er nach dem König frage, verrate, wer er selber sei. So sticht er, wie eben der Zufall die Tat blind lenkte, anstelle des Königs den Schreiber nieder. Dann bahnt er sich mit bluttriefendem Dolch durch die aufgeregte Menge einen Weg; im Menschengewühl, das sich auf das Schreien und Lärmen hin gebildet hat, wird er ergriffen und von den Leibwächtern des Königs zurückgebracht; als er vor dem erhöhten Sitz des Königs steht, auch in so bedrohlicher Lage eher Furcht einflössend als Furcht zeigend, sagt er: «Ich bin römischer Bürger; man nennt mich Gaius Mucius. Als Feind wollte ich den Feind zu Fall bringen, und ich habe nicht weniger Mut zum Sterben als ich zum Töten hatte; tapfer zu handeln und tapfer zu leiden ist römische Art. Nicht nur ich habe diese Gesinnung gegen dich; hinter mir steht eine lange Reihe von anderen, die nach gleicher Ehre streben. Rüste dich also, wenn du magst, so zum Kampf, daß du in jedem Augenblick um deinen Kopf kämpfst, daß du Schwert und Feind im Vorraum deines Zeltes hast. Wir, die Waffenfähigen Roms, erklären dir diese Art Krieg. Nicht das Schlachtfeld, nicht Gefechte wirst du zu fürchten haben; du wirst die Sache allein mit einzelnen austragen müssen!»

Cum rex simul ira incensus periculoque conterritus circumdari ignes minitabundus iuberet, nisi expromeret propere, quas insidiarum sibi minas per ambages iaceret, «en tibi,» inquit, «ut sentias, quam vile corpus sit iis, qui magnam gloriam vident,» – dextramque accenso ad sacrificium foculo inicit. quam cum velut alienato ab sensu torreret animo, prope attonitus miraculo rex cum ab sede sua prosiluisset amoverique ab altaribus iuvenem iussisset, «tu vero abi», inquit, «in te magis quam in me hostilia ausus. iuberem macte virtute esse, si pro mea patria ista virtus staret; nunc iure belli liberum te intactum inviolatumque hinc dimitto.»

Tunc Mucius, quasi remunerans meritum, «quando quidem» inquit «est apud te virtuti honos, ut beneficio tuleris a me, quod minis nequisti: trecenti coniuravimus principes iuventutis Romanae, ut in te via grassaremur. mea prima sors fuit; ceteri, ut cuiusque ceciderit primi, quoad te opportunum fortuna dederit, suo quisque tempore aderunt.»

13.1 Mucium dimissum, cui postea Scaevolae a clade dextrae manus cognomen inditum, legati a Porsenna Romam secuti sunt; adeo moverat eum et primi periculi casus, a quo nihil se praeter errorem insidiatoris texisset, et subeunda dimicatio totiens, quot coniurati superessent, ut pacis condiciones ultro ferret Romanis.

iactatum in condicionibus nequiquam de Tarquiniis in regnum restituendis, magis quia id negare ipse nequiverat
88 Tarquiniis quam quod negatum iri sibi ab
89 Romanis ignoraret. de agro Veientibus re-

Als der König, ebenso heftig von Zorn entbrannt wie von der Gefahr erschreckt, in drohendem Ton den Befehl gibt, ihn ins Feuer werfen zu lassen, falls er nicht unverzüglich darlege, welchen Hinterhalt er so zweideutig angedroht habe, entgegnet ihm dieser: «Sieh her! Damit du merkst, wie wertlos der Körper für diejenigen ist, die großen Ruhm vor Augen haben ...», und hält seine rechte Hand in das zum Opfer angezündete Feuer. Als er sie verbrennt, wie wenn er dem Schmerzgefühl gegenüber völlig unempfindlich wäre, springt der König, durch die höchst erstaunliche Tat erschüttert, von seinem Sitz auf, läßt den jungen Mann vom Opfertisch wegführen und spricht: «Geh nur! Du hast ja gegen dich viel Feindlicheres gewagt als gegen mich! Heil solcher Tapferkeit – so würde ich ausrufen, wenn es solche Tapferkeit für mein Land gäbe. Jetzt aber entlasse ich dich als einen nach Kriegsrecht freien Mann von hier, unangetastet und unverletzt.»

Nun sagte Mucius, sozusagen das Lob zurückschenkend: «Da bei dir Tapferkeit in Ehren steht und damit du als Geschenk von mir mitnimmst, was du mit Drohungen nicht erreichen konntest: Wir dreihundert führenden Männer der Waffenfähigen Roms haben uns verschworen, so gegen dich vorzugehen. Mein Los war das erste; die übrigen werden, je nachdem es einen trifft, jeweils rechtzeitig zur Stelle sein, so lange, bis das Schicksal dich leicht angreifbar vor uns bringt.»

Mucius wurde entlassen; später hat man ihm wegen des Verlustes seiner Rechten den Beinamen «Scaevola» [Linkshand] gegeben; ihm folgten, von Porsenna geschickt, Gesandte nach Rom. So stark hatte ihn einerseits die ursprüngliche Gefahr beeindruckt, von welcher ihn nichts als der Irrtum des Angreifers bewahrt hatte, andrerseits der Kampf, den er so oft zu bestehen haben würde wie Verschworene übrig waren, daß er von sich aus den Römern Friedensbedingungen antrug. Immer wieder brachte er erfolglos in den Verhandlungen die Rede auf die Wiedereinsetzung der Tarquinier, und zwar wohl eher deshalb, weil er dies den Tarquiniern nicht abschlagen konnte, als aus Unkenntnis darüber, daß es von den Römern abgelehnt werden würde. Er erreicht die Rückgabe

stituendo impetratum, expressaque necessitas obsides dandi Romanis, si Ianiculo praesidium deduci vellent. his condicionibus composita pace, exercitum ab Ianiculo deduxit Porsenna et agro Romano excessit. patres C. Mucio virtutis causa trans Tiberim agrum dono dedere, quae postea sunt Mucia prata appellata.

Nova in femina virtus

II.13.6 Ergo ita honorata virtute, feminae quoque ad publica decora excitatae, et Cloelia virgo una ex obsidibus, cum castra Etruscorum forte haud procul ripa Tiberis locata essent, frustrata custodes, dux agminis virginum inter tela hostium Tiberim tranavit, sospitesque omnes Romam ad propinquos restituit. quod ubi regi nuntiatum est, primo incensus ira oratores Romam misit ad Cloeliam obsidem deposcendam; alias haud magni facere. deinde in admirationem versus, supra Coclites Muciosque dicere id facinus esse, et prae se ferre, quemadmodum si non dedatur obses, pro rupto foedus se habiturum, sic deditam intactam inviolatamque ad suos remissurum. utrimque constitit fides; et Romani pignus pacis ex foedere restituerunt, et apud regem Etruscum non tuta solum sed honorata etiam virtus fuit, laudatamque virginem parte obsidum se donare dixit; ipsa quos vellet legeret. productis omnibus elegisse impubes dicitur; quod et virginitati decorum et consensu obsidum ipsorum probabile erat eam aetatem potissimum liberari ab hoste quae maxime opportuna iniuriae esset.
90

91 Pace redintegrata Romani novam in fe-

des Gebietes an die Veienter und erzwang von den Römern, daß sie Geiseln stellten, wenn sie wollten, daß die Besatzung vom Ianiculus abgezogen werde. Unter diesen Bedingungen wurde Frieden geschlossen. Porsenna zog sein Heer vom Ianiculus ab und verließ das römische Gebiet. Der Senat schenkte dem Gaius Mucius aufgrund seiner Tapferkeit auf der anderen Seite des Tiber ein Stück Land, das später «Mucische Wiese» hieß.

Eine bei Frauen neue Mannhaftigkeit

Da nun die Tapferkeit so geehrt wurde, ließen sich auch Frauen zu vaterländischen Ruhmestaten anspornen. So hat die junge Cloelila, eine der Geiseln, die Wächter übertölpelt, ist dann, da das Lager der Etrusker zufällig nicht weit vom Tiberufer entfernt war, an der Spitze einer Gruppe von weiteren Mädchen unter feindlichen Geschossen durch den Tiber geschwommen und hat alle nach Rom zu ihren Angehörigen gebracht. Als der König davon erfuhr, schickte er im ersten Zorn Unterhändler nach Rom, welche Cloelia als Geisel zurückfordern sollten; andernfalls werde er sie verachten. Dann wandelte sich seine Meinung zur Bewunderung, und er sagte, diese Tat stehe noch über den Taten von Cocles und Mucius. Er machte öffentlich bekannt: sofern die Geisel nicht gestellt werde, betrachte er den Friedensvertrag als gebrochen; werde sie aber gestellt, wolle er sie unangetastet und unverletzt zu den Ihrigen zurückschicken. Beiderseits wurde Wort gehalten: die Römer erstatteten sie als Unterpfand des Friedens gemäß der Abmachung zurück, und beim Etruskerkönig wurde die Tapferkeit nicht nur in Schutz genommen, sondern auch geehrt: er lobte die junge Frau und sagte ihr, er wolle ihr einen Teil der Geiseln schenken; sie möge auslesen, wen sie wolle. Nachdem alle vorgeführt worden waren, hat sie, wie es heißt, die noch nicht Erwachsenen ausgewählt; es paßt zu ihrer Jungfräulichkeit und wurde von allen Geiseln gutgeheißen, daß sie vor allem diejenige Altersstufe aus Feindeshand befreite, die am ehesten Übergriffen ausgesetzt sein könnte.

Der Friede wurde nochmals bestätigt; die Römer bedachten

mina virtutem novo genere honoris, statua equestri, donavere; in summa Sacra via fuit posita virgo insidens equo.

HOSTIS AN FILIVS

II.33.3 Per secessionem plebis Sp. Cassius et Postumus Cominius consulatum inierunt. iis consulibus cum Latinis populis ictum foedus. ad id feriendum consul alter Romae mansit; alter ad Volscum bellum missus Antiates Volscos fundit fugatque; compulsos in oppidum Longulam persecutus moenibus potitur. Inde protinus Poluscam, item Volscorum, cepit; tum magna vi adortus est Coriolos.

Erat tum in castris inter primores iuvenum Cn. Marcius, adulescens et consilio et manu promptus, cui cognomen postea Coriolano fuit. cum subito exercitum Romanum Coriolos obsidentem atque in oppidanos, quos intus clausos habebat, intentum, sine ullo metu extrinsecus imminentis belli, Volscae legiones profectae ab Antio invasissent, eodemque tempore ex oppido erupissent hostes, forte in statione Marcius fuit. is cum delecta militum manu non modo impetum erumpentium rettudit, sed per patentem portam ferox inrupit caedeque in proxima urbis facta ignem temere arreptum imminentibus muro aedificiis iniecit. clamor inde oppidanorum mixtus muliebri puerilique ploratu ad terrorem, ut solet, primum ortus et Romanis auxit animum et turbavit Volscos utpote capta urbe, qui ad ferendam opem venerant. ita fusi Volsci Antiates, Corioli oppidum captum; tantumque sua

die ungewohnte Mannhaftigkeit einer Frau mit einer neuartigen Ehrung, einer Reiterstatue; ganz oben an der Via Sacra hat sie nun, ein Mädchen zu Pferde, ihren Platz.

FEIND ODER SOHN

Während des Auszugs des Volkes begannen Spurius Cassius und Postumus Cominius den Konsulat; zu ihrer Amtszeit wurde ein Bündnis mit den latinischen Stämmen geschlossen. Um es rechtskräfig zu machen, blieb der eine Konsul in Rom, der andere wurde gegen die Volsker in den Krieg geschickt und schlug die Antiaten, die zu den Volskern gehören, in die Flucht, verfolgte sie und trieb sie bis zur Stadt Longula, deren Mauern er stürmte. Danach eroberte er ohne Umschweife Polusca, ebenfalls eine Stadt der Volsker. Dann griff er mit großer Truppenstärke Corioli an.

Damals befand sich unter den führenden jungen Leuten im Heere Gnaeus Marcius, ein junger Mann, rasch im Denken wie im Handeln, der später den Beinamen «Coriolan» erhielt. Als das römische Heer Corioli belagerte und nur die Stadtbewohner im Auge hatte, die es eingeschlossen hielt, ohne jede Sorge, daß von außen etwas Kriegerisches drohen könnte – da griffen volskische Truppen an, die von Antium gekommen waren, und gleichzeitig machten die Feinde aus der Stadt einen Ausfall. Zufällig war gerade Marcius auf Wache. Er schlug nun mit einer ausgewählten Schar Soldaten nicht nur den Stoß der Ausbrechenden zurück, sondern stürmte draufgängerisch in das offenstehende Stadttor ein, hieb drinnen gleich alles nieder, griff nach etwas Brennendem und warf es in die an der Mauer stehenden Gebäude. Kaum ertönte das Schreien der Stadtbewohner, untermischt vom Jammer der Frauen und Kinder, wie es bei einem Unglück üblich ist, stärkte es den Römern das Selbstvertrauen und brachte die Volsker durcheinander, die ja trotz der Eroberung ihrer Stadt gekommen waren, um Hilfe zu bringen. So wurden die aus Antium stammenden Volsker auseinandergetrieben, und die Stadt Corioli wurde erobert. So sehr überschattete der Ruhm des Marcius den des Konsuls, daß

laude obstitit famae consulis Marcius, ut, nisi foedus cum Latinis in columna aenea insculptum monumento esset ab Sp. Cassio uno, quia collega afuerat, ictum, Postumum Cominium bellum gessisse cum Volscis memoria cessisset.

34.1 Consules deinde T. Geganius P. Minucius facti. eo anno cum et foris quieta omnia a bello essent et domi sanata discordia, aliud multo gravius malum civitatem invasit, caritas primum annonae ex incultis per secessionem plebis agris, fames deinde, qualis clausis solet. ventumque ad interitum servitiorum utique et plebis esset, ni consules providissent dimissis passim ad frumentum coemendum, non in Etruriam modo dextris ab Ostia litoribus laevoque per Volscos mari usque ad Cumas, sed quaesitum in Siciliam quoque; adeo finitimorum odia longinquis coegerant indigere auxiliis. frumentum Cumis cum coemptum esset, naves pro bonis Tarquiniorum ab Aristodemo tyranno, qui heres erat, retentae sunt; in Volscis Pomptinoque ne emi quidem potuit; periculum quoque ab impetu hominum ipsis frumentatoribus fuit; ex Tuscis frumentum Tiberi venit; eo sustentata est plebs. incommodo bello in tam artis commeatibus vexati forent, ni Volscos iam moventes arma pestilentia ingens invasisset. ea clade conterritis hostium animis, ut etiam ubi ea remisisset terrore aliquo tenerentur, et Velitris auxere numerum colonorum Romani, et Norbam in montes novam coloniam, quae arx in Pomptino esset, miserunt.

M. Minucio deinde et A. Sempronio
94 consulibus magna vis frumenti ex Sicilia
95 advecta, agitatumque in senatu, quanti

Postumus Cominius als Führer im Krieg gegen die Volsker beinahe in Vergessenheit geraten wäre, hätte nicht die Inschrift auf einem ehernen Pfeiler daran erinnert, daß das Bündnis mit den Latinern allein von Spurius Cassius geschlossen wurde, da sich sein Amtskollege auswärts befand.

Danach wurden T. Geganius und P. Minucius zu Konsuln gewählt. In diesem Jahr, als sowohl außerhalb nirgendwo Krieg war als auch in der Stadt Rom alle Zwistigkeiten beigelegt waren, brach ein viel schwereres Unglück über die Bürger herein, nämlich zunächst eine Teuerung des Getreides, da die Felder infolge des Auszugs des Volkes unbestellt geblieben waren, dann eine Hungersnot, wie sie sonst nur Eingeschlossene erleben. Es wäre zu einem Massensterben der Sklavenschaft und des niederen Volkes gekommen, wenn nicht die Konsuln dadurch vorgesorgt hätten, daß sie dahin und dorthin Leute ausschickten, um Getreide zusammenzukaufen, nicht nur nach Etrurien, von Ostia aus an der rechten Küste entlang und links durch das Gebiet der Volsker bis nach Cumae, sondern sogar nach Sizilien, um es dort zu holen; so sehr zwang der Haß der Nachbarn sie, weit entfernte Hilfe zu beanspruchen. Nach dem Getreidekauf in Cumae ließ der dortige König die Schiffe zurückhalten als Ersatz für Besitz der Tarquinier, deren Erbe es war. Bei den Volskern und im Pomptinischen Gebiet konnte nicht einmal eingekauft werden, die Getreidekäufer selbst waren in Gefahr, von den Leuten angegriffen zu werden. Von Etrurien her kam auf dem Tiber Getreide an; damit wurde das niedere Volk unterstützt. Bei so spärlicher Zufuhr hätte ein plötzlicher Krieg die Römer hart getroffen, doch bei den Volskern, welche schon rüsteten, brach eine furchtbare Seuche aus. Durch diese Belastung wurden die Feinde so mutlos, daß sie auch dann noch, als sie nachgelassen hatte, eine gewisse Angst verspürten; die Römer vermehrten in Velitrae die Zahl der Siedler, und gründeten in Norba eine neue Kolonie, welche im Pomptinischen Gebiet eine Festung bilden sollte.

Unter dem Konsulat von Marcus Minucius und Aulus Sempronius wurden dann eine große Menge Getreide von Sizilien herangeführt, und man machte im Senat verschiedene Vor-

plebi daretur. multi venisse tempus premendae plebis putabant reciperandique iura, quae extorta secessione ac vi patribus essent. in primis Marcius Coriolanus, hostis tribuniciae potestatis, «si annonam» inquit «veterem volunt, ius pristinum reddant patribus. cur ego plebeios magistratus, cur Sicinium potentem video, sub iugum missus, tamquam ab latronibus redemptus? egone has indignitates diutius patiar quam necesse est?

Tarquinium regem qui non tulerim, Sicinium feram? secedat nunc; avocet plebem; patet via in Sacrum montem aliosque colles; rapiant frumenta ex agris nostris, quemadmodum tertio anno ante rapuere. utantur annona quam furore suo fecere. audeo dicere hoc malo domitos ipsos potius cultores agrorum fore quam ut armati per secessionem coli prohibeant.»

Haud tam facile dictu est faciendumne fuerit quam potuisse arbitror fieri, ut condicionibus laxandi annonam et tribuniciam potestatem et omnia invitis iura imposita patres demerent sibi.

35.1 Et senatui nimis atrox visa sententia est et plebem ira prope armavit. fame se iam sicut hostes peti, cibo victuque fraudari; peregrinum frumentum, quae sola alimenta ex insperato fortuna dederit,

ab ore rapi, nisi Cn. Marcio vincti dedantur tribuni, nisi de tergo plebis Romanae satisfiat; eum sibi carnificem novum exortum, qui aut mori aut servire iubeat.

96 In exeuntem e curia impetus factus esset,
97 ni peropportune tribuni diem dixissent.

ibi ira est suppressa; se iudicem quisque, se dominum vitae necisque inimici factum videbat. Contemptim primo Marcius audiebat minas tribunicias: auxilii, non poenae ius datum illi potestati, plebisque, non patrum tribunos esse. sed adeo infensa erat coorta plebs, ut unius poena defungendum esset patribus.

restiterunt tamen adversa invidia, usique sunt qua suis quisque, qua totius ordinis viribus. ac primo temptata res est, si dispositis clientibus absterrendo singulos a coitionibus conciliisque disicere rem possent. universi deinde processere – quidquid erat patrum, reos diceres – precibus plebem exposcentes, unum sibi civem, unum senatorem, si innocentem absolvere nollent, pro nocente donarent.

ipse cum die dicta non adesset, perseveratum in ira est. damnatus absens in Volscos exsulatum abiit, minitans patriae hostilesque iam tum spiritus gerens.

Venientem Volsci benigne excepere benigniusque in dies colebant, quo maior ira in suos eminebat crebraeque nunc querelae, nunc minae percipiebantur. hospitio utebatur Atti Tulli. longe is tum princeps Volsci nominis erat Romanisque semper infestus. ita cum alterum vetus odium, alterum ira recens stimularet, consilia conferunt de Romano bello.

haud facile credebant plebem suam impelli posse, ut totiens infeliciter temptata arma caperent; multis saepe bellis, pestilentia postremo amissa iuventute fractos spiritus esse; arte agendum in exoleto iam vetustate

schläge, zu welchem Preis es an das Volk abgegeben werden sollte. Viele fanden, jetzt sei die Zeit gekommen, das Volk zu unterdrücken und die Rechte zurückzuerlangen, die dem Adel durch den Auszug des Volkes und durch Gewalt abgenötigt worden waren. Unter ihren Wortführern war Marcius Coriolanus, ein Feind des Volkstribunats. «Wenn sie», sagte er, «unbedingt den alten Getreidepreis haben möchten, sollen sie dem Senat die alten Rechte wieder geben! Warum muß ich Beamte aus dem niederen Volk, warum einen Sicinius in Amt und Würde sehen? Werde ich denn unter dem Joch durchgeschickt oder aus der Hand der Räuber freigekauft? Muß ich mir diese Demütigungen länger als nötig gefallen lassen? Ich, der ich Tarquinius nicht als König duldete, soll Sicinius ertragen? Soll er doch wegziehen, soll er das Volk mit sich nehmen; der Weg auf den Heiligen Berg und auf andere Hügel steht offen! Sollen sie doch Getreide vo unseren Feinden rauben, wie sie es vor drei Jahren gemacht haben! Sollen sie doch den Getreidepreis haben, den sie in ihrer Verrücktheit selber verursachten! Ich wage zu behaupten, daß sie, durch die Hungersnot gezwungen, eher selbst das Land bestellen als daß sie gewaltsam durch einen Auszug die Landbestellung verhindern!»

Ob man so hätte verfahren können, ist schwer zu sagen; eher glaube ich, daß die Senatoren sich durch die Lockerung des Getreidepreises sowohl des Volkstribunats als auch aller anderen Verpflichtungen hätten entledigen können, die sie widerwillig hatten annehmen müssen.

Diese Meinung schien einerseits dem Senat zu hart, andrerseits brachte sie das Volk in Harnisch. Durch die Hungersnot würden sie schon wie Feinde behandelt, würden um Nahrung und Lebensmittel betrogen. Das Getreide aus dem Ausland, das der Zufall ihnen unverhofft als einzige Nahrung gegeben habe, werde ihnen vom Munde weggestohlen, wenn dem Gnaeus Marcius nicht die Volkstribunen gefesselt ausgeliefert würden, wenn er nicht auf dem Rücken des römischen Volkes seinen Willen bekomme; in ihm sei ein neuer Henker entstanden, dessen Befehl laute: entweder sterben oder Knecht sein.

Er wäre beim Verlassen des Rathauses angegriffen worden, hätten nicht zum Glück die Volkstribunen einen Gerichts-

termin für ihn festgesetzt. So wurde die Volkswut beigelegt; jeder sah sich als Richter, ja als Herr über Leben und Tod seines Feindes. Marcius hörte sich zunächst herablassend die Drohungen der Tribunen an (und sagte), diesem Amte sei das Recht zu helfen, nicht das Recht zu strafen gegeben worden, und sie seien Tribunen des Volkes, nicht der Senatoren. Das Volk war aber so aufgebracht, daß die Senatoren sich gedrängt sahen, die Sache durch die Bestrafung eines Einzelnen zu beenden. Doch sie widersetzten sich diesem Begehren, gegen den Einspruch einiger Neider; sie boten alles auf, was jeder Einzelne und was der ganze Senatorenstand vermochte. Zunächst wurde der Versuch unternommen, die Sache zu zerschlagen, indem Anhänger beauftragt wurden, einzelne Leute von Zusammenkünften und Versammlungen fernzuhalten. Dann traten sie alle vor das Volk – man hätte meinen können, der gesamte Senat sei angeklagt – und baten sehr, es möchte ihnen diesen einen Bürger, diesen einen Senator, wenn man ihn nicht von Schuld freisprechen wolle, als einen Schuldigen zum Geschenk machen. Da er selber beim Gerichtstermin nicht anwesend war, blieb das Volk in seiner Wut unerbittlich. Er wurde in Abwesenheit schuldig gesprochen und ging in die Verbannung zu den Volskern, wobei er seiner Heimatstadt drohte und schon damals feindliche Gedanken hegte.

Als er zu den Volskern kam, nahmen sie ihn mit Wohlwollen auf, und sie kümmerten sich um so lieber um ihn, je deutlicher sein Zorn auf seine Landsleute zu Tage trat und er immerzu Klagen oder auch Drohungen vernehmen ließ. Er war Gast des Attius Tullius. Dieser war unbestritten der führende Mann unter allen, die sich Volsker nannten, und den Römern schon immer feindlich gesonnen. Da nun der eine von altem Haß, der andere von frischem Zorn getrieben war, dachten sie beide an einen Krieg gegen Rom. Sie sahen ein, daß das Volk nicht ohne weiteres dazu bewogen werden könne, nach so vielen erfolglosen Versuchen wieder nach den Waffen zu greifen; durch zahlreiche Kriege und zuletzt durch eine Seuche, welche die waffenfähige Mannschaft dahingerafft hatte, sei ihr Kampfesmut gebrochen; nachdem der alte Haß längst abgestorben sei, müsse man geschickt dafür sorgen, daß

odio, ut recenti aliqua ira exacerbarentur animi.

36.1 Ludi forte ex instauratione magni Romae parabantur. Instaurandi haec causa fuerat. ludis mane servum quidam pater familiae, nondum commisso spectaculo, sub furca virgis caesum medio egerat circo; coepti inde ludi, velut ea res nihil ad religionem pertinuisset. haud ita multo post T. Latinio, de plebe homini, somnium fuit; visus Iuppiter dicere sibi ludis praesultatorem displicuisse; nisi magnifice instaurarentur ii ludi, periculum urbi fore; iret, ea consulibus nuntiaret. quamquam haud sane liber erat religione animus, verecundia tamen maiestatis magistratuum timorem vicit, ne in ora hominum pro ludibrio abiret. Magno illi ea cunctatio stetit; filium namque intra paucos dies amisit. cuius repentinae cladis, ne causa dubia esset, aegro animi eadem illa in somnis obversata species visa est rogitare, satin magnam spreti numinis haberet mercedem; maiorem instare, ni eat propere ac nuntiet consulibus. Iam praesentior res erat. cunctantem tamen ac prolatantem ingens vis morbi adorta est debilitate subita. Tunc enimvero deorum ira admonuit. fessus igitur malis praeteritis instantibusque, consilio propinquorum adhibito, cum visa atque audita et obversatum totiens somno Iovem, minas irasque caelestes repraesentatas casibus suis exposuisset, consensu inde haud dubio omnium qui aderant in forum ad consules lectica defertur. inde in curiam iussu consulum delatus, eadem illa cum patribus ingenti omnium admiratione enar-
100 rasset, ecce aliud miraculum: qui captus
101 omnibus membris delatus in curiam esset,

die Gemüter durch irgendeinen neuen Ärger zur Erbitterung gebracht würden.

In Rom wurden gerade große Festspiele vorbereitet, zum wiederholten Male. Der Grund für die Wiederholung war folgender: Am frühen Morgen des ersten Festtages, als die Spiele noch nicht begonnen hatten, trieb irgendein Bürgersmann seinen Sklaven, den er ausgepeitscht hatte, im Halsblock über den Platz der Arena; dann wurden die Spiele begonnen, als ob der Vorfall das Fest gar nicht beträfe. Wenig später hatte Titus Latinius, ein Mann aus dem niederen Volk, einen Traum: Juppiter erschien und sagte, der Vortänzer der Spiele habe ihm nicht gefallen; wenn die Spiele nicht gehörig wiederholt würden, werde es für die Stadt gefährlich sein. Er solle zu den Konsuln gehen und ihnen dies verkünden. Wenn er auch nicht ohne Ehrfurcht vor den Göttern war, siegte doch die Scheu vor der Hoheit der Behörden über die Angst, sich in der Öffentlichkeit lächerlich zu machen. Dieses Zögern kam ihn teuer zu stehen; innerhalb weniger Tage verlor er seinen Sohn. Damit der Grund dieses unvermuteten Unglücks nicht im Unklaren bleibe, zeigte sich dem verwirrten Manne das zuvor erschienene Traumbild noch einmal und stellte ihm die Frage, ob der Preis für die Mißachtung des göttlichen Winkes hoch genug sei; ein höherer stehe ihm aber noch bevor, falls er nicht unverzüglich gehe und es den Konsuln melde. Die Sache war nun recht dringend geworden. Als er dennoch zögerte und es immer wieder aufschob, traf ihn ein schweres Leiden: er war plötzlich gelähmt. Da endlich rüttelte der Zorn der Götter ihn auf. Von dem geschehenen und den bevorstehenden Schlägen war er am Ende seiner Kräfte; er rief seine Verwandten, um sie um Rat zu fragen; nachdem er ihnen das Gesehene und Gehörte dargelegt hatte, die mehrfache Traumerscheinung Juppiters, die Drohungen der Götter und ihr Zorn, der an seinem schweren Schicksal deutlich geworden war, trug man, da alle Anwesenden es so richtig fanden, seine Tragbahre aufs Forum zu den Konsuln. Auf deren Geheiß wurde er ins Rathaus gebracht; als er den Senatoren dasselbe erzählt hatte, worüber alle in Staunen gerieten, geschah ein neues Wunder: er, der kein Glied bewegen konnte und ins Rathaus getragen

eum functum officio pedibus suis domum redisse traditum memoriae est.

37.1 Ludi quam amplissimi ut fierent, senatus decrevit. Ad eos ludos auctore Attio Tullio vis magna Volscorum venit. priusquam committerentur ludi, Tullius, ut domi compositum cum Marcio fuerat, ad consules venit; dicit esse quae secreto agere de re publica velit. arbitris remotis, «invitus,» inquit, «quod sequius sit, de meis civibus loquor. non tamen admissum quicquam ab iis criminatum venio, sed cautum, ne admittant. nimio plus quam velim nostrorum ingenia sunt mobilia. multis id cladibus sensimus, quippe qui non nostro merito, sed vestra patientia incolumes simus. magna hic nunc Volscorum multitudo est; ludi sunt; spectaculo intenta civitas erit. memini, quid per eandem occasionem ab Sabinorum iuventute in hac urbe commissum sit; horret animus, ne quid inconsulte ac temere fiat. haec nostra vestraque causa prius dicenda vobis, consules, ratus sum. quod ad me attinet, extemplo hinc domum abire in animo est, ne cuius facti dictive contagione praesens violer.»

Haec locutus abiit. Consules cum ad patres rem dubiam sub auctore certo detulissent, auctor magis, ut fit, quam res ad praecavendum vel ex supervacuo movit, factoque senatus consulto, ut urbe excederent Volsci, praecones dimittuntur, qui omnes eos proficisci ante noctem iuberent.

Ingens pavor primo discurrentes ad suas res tollendas in hospitia perculit; pro-
102 ficiscentibus deinde indignatio oborta, se ut
103 consceleratos contaminatosque ab ludis, fe-

werden mußte, ging nun, so wird überliefert, da er seinen Auftrag erfüllt hatte, auf eigenen Füßen nach Hause.

Der Senat beschloß, die Spiele so prunkvoll wie möglich durchzuführen. Auf Veranlassung des Attius Tullius kommen sehr viele Volsker zu den Spielen. Bevor sie beginnen, geht Tullius, wie er es zu Hause mit Marcius abgesprochen hatte, zu den Konsuln; er sagt, es gebe eine politische Angelegenheit, die er mit ihnen vertraulich besprechen wolle. Als alle Ohrenzeugen weggeschickt sind, sagt er: «Ungern sage ich über meine Mitbürger etwas weniger Gutes. Ich komme freilich nicht, um sie irgend einer Tat zu bezichtigen, sondern, um zu warnen, daß sie eine begehen könnten. Die Gefühle meiner Landsleute geraten leichter, als mir lieb ist, in Bewegung. In vielen Niederlagen haben wir das erlebt; wir sind ja nicht durch unser Verdienst, sondern dank eurer duldsamen Haltung ungeschoren davongekommen. Heute ist eine große Menge Volsker da; es finden Spiele statt; alle Aufmerksamkeit wird sich auf die Darbietungen richten. Ich denke an das, was bei einer ähnlichen Gelegenheit von den jungen Sabinern in dieser Stadt verübt worden ist. Mit Schauern denke ich daran, daß etwas Unüberlegtes und Tollkühnes geschehen könnte. Dies, Konsuln, meinte ich auch, unseretwegen und euretwegen vorher sagen zu sollen. Ich für mein Teil möchte gleich von hier nach Hause gehen, um nicht durch mein Beisein bei einer Tat oder einer Rede mitschuldig zu werden.»

Nach diesen Worten entfernte er sich. Die Konsuln brachten die seltsame Sache, die sie aus so berufenem Munde gehört hatten, vor den Senat; doch, wie es so geht, der berufene Mund hatte mehr Einfluß als die Sache selbst und veranlaßte überflüssige Vorsichtsmaßnahmen; der Senat beschloß, die Volsker müssten die Stadt verlassen; es wurden Herolde ausgeschickt, die kundzumachen hatten, daß sie alle vor der Dunkelheit aufbrechen sollten.

Zunächst befiel die Leute ein großer Schrecken; sie rannten dahin und dorthin in ihre Unterkünfte, um ihre Sachen zu holen. Aber als sie sich auf den Weg machten, kam Entrüstung auf, daß sie wie Verbrecher, wie Aussätzige von den Spielen ausgeschlossen seien, die doch feiertäglich heilig

stis diebus, coetu quodam modo hominum deorumque abactos esse.

38.1 Cum prope continuato agmine irent, praegressus Tullius ad caput Ferentinum, ut quisque veniret, primores eorum excipiens querendo indignandoque, et eos ipsos, sedulo audientes secunda irae verba, et per eos multitudinem aliam in subiectum viae campum deduxit. ibi in contionis modum orationem exorsus exsecutusque veteres populi Romani iniurias cladesque gentis Volscorum, «ut omnia» inquit «obliviscamini alia, hodiernam hanc contumeliam quo tandem animo fertis, qua per nostram ignominiam ludos commisere? an non sensistis triumphatum hodie de vobis esse? vos omnibus, civibus, peregrinis, tot finitimis populis, spectaculo abeuntes fuisse? vestras coniuges, vestros liberos traductos per ora hominum? quid eos, qui audivere vocem praeconis, quid eos, qui nos videre abeuntes, quid eos, qui huic ignominioso agmini fuere obvii existimasse putatis, nisi aliquod profecto nefas esse quo, si intersimus spectaculo, violaturi simus ludos piaculumque merituri; ideo nos ab piorum coetu concilioque abigi? quid deinde? illud non succurrit, vivere nos quod maturarimus proficisci? si hoc profectio et non fuga est! et hanc urbem vos non hostium ducitis, ubi si unum diem morati essetis, moriendum omnibus fuit? bellum vobis indictum est, magno eorum malo qui indixere, si viri estis.» ita et sua sponte irarum pleni et incitati domos inde digressi sunt, instigandoque suos quisque populos effecere, ut omne Volscum nomen
104 deficeret.

105 39.1 Imperatores ad id bellum de omnium po-

und sozusagen ein Treffen zwischen Menschen und Göttern seien.

Ihr Weggehen war beinahe ein geschlossener Zug. Tullius war zur Ferentinischen Quelle vorausgegangen; je nachdem, wie ein jeder dorthin kam, nahm er die Einflußreichen von ihnen unter Klagen und Schimpfen beiseite. Sowohl sie selber, die aufmerksam seine nunfolgende Zornesrede hörten, als auch mit ihrer Hilfe die ganze übrige Menge brachte er auf ein Feld, das unterhalb der Straße lag. Dort sprach er zu ihnen, wie auf einer Volksversammlung, zunächst über die früheren Untaten der Römer und die Niederlagen des volskischen Stammes; dann sagte er: «Um von alledem nicht mehr zu reden – aber wie wollt ihr die heutige Schmach verwinden, mit der sie die Festspiele zu unserer Erniedrigung begonnen haben? Merkt ihr denn nicht, daß heute über euch triumphiert worden ist? Daß euer Weggehen für alle, nämlich für die Stadtbürger , die Auswärtigen, für so viele Nachbarvölker ein lächerliches Schauspiel gewesen ist? Daß eure Frauen, eure Kinder bei den Leuten ins Gerede gekommen sind? Was glaubt ihr, daß sich diejenigen gedacht haben, die dem Ruf des Herolds hörten, oder die, die euch weggehen sahen, oder die, die dem peinlichen Auszug begegnet sind, als daß es gewiß irgend ein Unrecht gebe, durch das wir, nähmen wir an den Darbietungen teil, die Spiele entweihen und ein Sühneopfer herausfordern würden? Also sind wir von einer Zusammenkunft und Versammlung gottesfürchtiger Leute vertrieben worden? Wie bitte? Muß einen nicht der Gedanke kommen, daß wir nur am Leben sind, weil wir uns beeilten, wegzukommen? Wenn es denn ein Weggehen war und nicht eine Flucht! Haltet ihr nicht diese Stadt für eine Stadt von Feinden, wo ihr alle, wäret ihr auch nur einen Tag geblieben, hättet sterben müssen? Euch ist der Krieg erklärt worden; zum großen Schaden derer, die ihn erklärt haben – falls ihr Männer seid.» Schon von sich aus wütend und nun so aufgereizt gingen sie nach Hause, und durch Sticheleien erreichte jeder bei seiner Gemeinde, daß schließlich alle, die sich Volsker nannten, von Rom abfielen.

Zu Führern in diesem Krieg bestimmte man, gemäß der

pulorum sententia lecti Attius Tullius et Cn. Marcius, exsul Romanus, in quo aliquanto plus spei repositum. quam spem nequaquam fefellit, ut facile appareret ducibus validiorem quam exercitu rem Romanam esse. Circeios profectus primum colonos inde Romanos expulit liberamque eam urbem Volscis tradidit; inde in Latinam viam transversis tramitibus transgressus, Satricum, Longulam, Poluscam, Coriolos, Mugillam, haec Romanis oppida ademit; inde Lavinium recepit; tunc deinceps Corbionem, Veteliam, Tolerium, Labicos, Pedum cepit. Postremum ad urbem a Pedo ducit, et ad fossas Cluilias quinque ab urbe milia passuum castris positis, populatur inde agrum Romanum, custodibus inter populatores missis, qui patriciorum agros intactos servarent, sive infensus plebi magis, sive ut discordia inde inter patres plebemque oreretur. quae profecto orta esset – adeo tribuni iam ferocem per se plebem criminando in primores civitatis instigabant – sed externus timor, maximum concordiae vinculum, quamvis suspectos infensosque inter se iungebat animos. Id modo non conveniebat, quod senatus consulesque nusquam alibi spem quam in armis ponebant, plebes omnia quam bellum malebat.

Sp. Nautius iam et Sex. Furius consules erant. eos recensentes legiones, praesidia per muros aliaque in quibus stationes vigiliasque esse placuerat loca distribuentes, multitudo ingens pacem poscentium primum seditioso clamore conterruit, deinde vocare senatum, referre de legatis ad Cn. Marcium
106 mittendis coegit. acceperunt relationem
107 patres, postquam apparuit labare plebis

Meinung aller Völkerschaften, Attius Tullius und Gnaeus Marcius, den Verbannten aus Rom, auf den man recht viel Hoffnung setzte. Diese Hoffnung enttäuschte er keineswegs; er wollte deutlich machen, daß Rom an seinen Heerführern mehr habe als am Heere selbst. Er marschierte zuerst nach Circei, vertrieb dort die römischen Siedler und übergab die befreite Stadt den Volskern. Darauf wandte er sich auf Querstraßen zur Via Latina hinüber und nahm den Römern Satricum, Longula, Polusca, Corioli und Mugilla wieder weg; danach gewann er auch Lavinium zurück.

Sodann eroberte er der Reihe nach Corbio, Vetelia, Tolerium, Labici und Pedum. Schließlich führte er von Pedum aus das Heer nach Rom; etwa fünf Meilen vor der Stadt, bei den Cluilischen Gräben, errichtete er sein Feldlager und ließ römisches Ackerland verheeren, wobei er denen, die dies ausführten, Aufpasser mitgab, die das Land der Patrizier in Schutz nehmen sollten, sei es, weil er dem niederen Volk feindlicher gesinnt war, sei es, damit zwischen Senat und Volk Uneinigkeit entstehe. Diese wäre auch wirklich entstanden, so sehr hetzten die Tribunen das ohnedies unbändige Volk auf, indem sie den führenden Persönlichkeiten im Staat Böses nachsagten. Doch die Angst vor der Bedrohung von außen, das beste Band zur Einigkeit, ließ alle dasselbe denken, auch wenn sie einander mißtrauten oder sich nicht mochten. Nur in einem Punkte waren sie uneins: der Senat und die Konsuln setzten ihre Hoffnung auf nichts als die Waffenstärke, das Volk aber wollte alles, nur keinen Krieg.

Nun waren Spurius Nautius und Sextus Furius Konsuln geworden. Als sie die Legionen musterten und Soldaten auf die Mauern und an andere Stellen brachten, an denen vernünftigerweise Wachen und Posten sein sollten, forderte eine große Menschenmenge den Friedensschluß und erschreckte sie zunächst mit ihrem nach Aufstand tönenden Geschrei; dann riefen sie den Senat an und brachten ihn dazu, über eine Delegation zu Gnaeus Marcius zu beraten. Der Senat ging den Antrag ein, als klar geworden war, daß die Stimmung im Volk schwankte. Die zu Marcius geschickten

animos; missique de pace ad Marcium oratores atrox responsum rettulerunt: si Volscis ager redderetur, posse agi de pace; si praeda belli per otium frui velint, memorem set et civium iniuriae et hospitum beneficii adnisurum, ut appareat exsilio sibi inritatos, non fractos animos esse.

iterum deinde iidem missi non recipiuntur in castra. Sacerdotes quoque suis insignibus velatos isse supplices ad castra hostium traditum est; nihilo magis quam legatos flexisse animum.

40.1 Tum matronae ad Veturiam matrem Coriolani Volumniamque uxorem frequentes coeunt. id publicum consilium an muliebris timor fuerit, parum invenio; pervicere certe, ut et Veturia, magno natu mulier, et Volumnia duos parvos ex Marcio ferens filios secum in castra hostium irent et, quoniam armis viri defendere urbem non possent, mulieres precibus lacrimisque defenderent.

Vbi ad castra ventum est nuntiatumque Coriolano est adesse ingens mulierum agmen, is primo, ut qui nec publica maiestate in legatis nec in sacerdotibus tanta offusa oculis animoque religione motus esset, multo obstinatior adversus lacrimas muliebres erat; dein familiarium quidam, qui insignem maestitia inter ceteras cognoverat Veturiam, inter nurum nepotesque stantem, «nisi me frustrantur» inquit «oculi, mater tibi coniunxque et liberi adsunt.» Coriolanus prope ut amens consternatus ab sede sua, cum ferret matri obviae complexum, mulier
108 in iram ex precibus versa «sine, priusquam
109 complexum accipio, sciam» inquit «ad ho-

Unterhändler brachten eine harte Antwort zurück: Falls den Volskern ihr Land zurückgegeben werde, könne man über einen Frieden sprechen; falls sie jedoch diese Kriegsbeute in aller Ruhe genießen wollten, werde er, in Blick auf die Ungerechtigkeit seiner Mitbürger und gestützt auf das Wohlwollen seines Gastgebers, mit aller Deutlichkeit zeigen, daß seine Gesinnung durch die Verbannung gestärkt, nicht gebrochen worden seien. Dieselben Boten, zum zweiten Male ausgesandt, wurden gar nicht ins Lager gelassen. Auch Priester, angetan mit ihren Würdeabzeichen, sollen nach der Überlieferung als Bittsteller ins feindliche Lager gegangen sein; sie hätten ihn ebensowenig umstimmen können wie die Boten.

Damals trafen sich verheiratete Frauen einigemale bei Veturia, der Mutter des Coriolan, und bei seiner Frau Volumnia. Ob das ein politischer Plan war oder nur Frauen-Angst, darüber habe ich wenig Angaben gefunden. Jedenfalls beschlossen sie, daß sowohl Veturia, eine ganz alte Frau, als auch Volumnia mit ihren zwei Söhnen, die sie von Marcius hatte, ins Lager des Feindes gehen sollten; da die Männer die Stadt mit den Waffen nicht schützen könnten, müssten die Frauen sie mit Bitten und Tränen verteidigen.

Sie kamen ins Lager, und dem Coriolan wurde gemeldet, ein großer Zug von Frauen sei da; er, der nicht durch die staatliche Hoheit der Gesandten und auch nicht durch die so sehr vor Augen und Herz gestellte Heiligkeit der Priester zu bewegen gewesen war, zeigte sich zunächst gegenüber dem Weinen von Frauen noch viel unnachgiebiger. Dann sagte jemand aus seinem Gefolge, der die Veturia an ihrer auffallenden Trauer erkannte und weil sie zwischen der Schwiegertochter und den Enkeln stand: «Wenn meine Augen mich nicht täuschen, sind dies deine Mutter und deine Frau und deine Kinder.» Ohne nachzudenken, völlig verblüfft sprang Coriolan von seinem Sitz auf und wollte der Mutter entgegengehen und sie umarmen; da wechselte die Frau von der bittenden Haltung zu einer zornigen und rief: «Laß mich, bevor ich deine Umarmung annehme, erst wissen, ob ich zu deinem Feind oder zu einem Sohn gekommen und ob ich als Gefangene oder als

stem an ad filium venerim, captiva materne in castris tuis sim. in hoc me longa vita et infelix senecta traxit, ut exsulem te deinde hostem viderem? potuisti populari hanc terram, quae te genuit atque aluit? Non tibi, quamvis infesto animo et minaci perveneras, ingredienti fines ira cecidit? Non, cum in conspectu Roma fuit, succurrit: intra illa moenia domus ac penates mei sunt, mater coniunx liberique? ergo ego nisi peperissem, Roma non oppugnaretur; nisi filium haberem, libera in libera patria mortua essem. sed ego nihil iam pati nec tibi turpius quam mihi miserius possum, nec ut sum miserrima, diu futura sum; de his videris, quos, si pergis, aut immatura mors aut longa servitus manet.»

Vxor deinde ac liberi amplexi, fletusque ab omni turba mulierum ortus et comploratio sui patriaque fregere tandem virum. complexus inde suos dimittit et ipse retro ab urbe castra movit. abductis deinde legionibus ex agro Romano, invidia rei oppressum perisse tradunt, alii alio leto. apud Fabium, longe antiquissimum auctorem, usque ad senectutem vixisse eundem invenio; refert certe hanc saepe eum exacta aetate usurpasse vocem multo miserius seni exsilium esse.

Non inviderunt laude sua mulieribus viri Romani – adeo sine obtrectatione gloriae alienae vivebatur. monumento quoque quod esset, templum Fortunae muliebri aedificatum dedicatumque est.

Mutter in deinem Feldlager bin! Habe ich so lange gelebt und bin ich ohne Freude so alt geworden, daß ich dich als Verbannten, ja als Feind wiedersehen muß? Konntest du dieses Land, das dich geboren und genährt hat, verwüsten? Ist nicht dein Zorn beim Betreten dieses Landes geschwunden, wiewohl du in feindlich drohender Haltung gekommen bist? Hast du nicht, als dir Rom ins Blickfeld kam, denken müssen: ‹Innerhalb dieser Mauern ist mein Haus sind meine Hausgötter, meine Mutter, meine Frau, meine Kinder!›? Also: Hätte ich dich nicht geboren, würde Rom nicht belagert. Hätte ich keinen Sohn, so würde ich als Freie in einer freien Heimatstadt sterben. Ich kann nichts mehr zu erdulden haben, was für mich kläglicher, für dich schändlicher wäre; aber so erbärmlich es mir jetzt auch geht – lange wird es nicht so bleiben! Was aus denen hier wird, wirst du bald sehen: machst du so weiter, erwartet sie entweder ein früher Tod oder eine lange Sklaverei!»

Die Gattin und die Kinder umschlangen sie, die ganze Schar der Frauen begann zu weinen, und die Klagen über sich selbst und über die Heimatstadt brachen endlich den Mann. Er umarmte nun doch seine Angehörigen und entließ sie; das Lager verlegte er weg von der Stadt. Als die Truppen aus dem römischen Gebiet abgezogen waren, soll er, wegen dieser Sache verhaßt geworden, umgekommen sein; andere sprechen von anderen Todesumständen. Bei Fabius (Pictor), dem weitaus ältesten Gewährsmann, finde ich, daß Coriolan ein hohes Alter erreicht habe. Es gilt als verbürgt, daß er am Ende seines Lebens ausgesprochen habe, für einen Greis sei die Verbannung ganz besonders schlimm.

Die Männer in Rom waren den Frauen wegen ihres Gefolges nicht neidisch – man konnte damals leben, ohne den Ruhm anderer zu schmälern. Da die Geschichte eine Gedenkstätte wert war, wurde der Glücksgöttin der Frauen ein Tempel gebaut und geweiht.

III.25.5 Nec diuturnam quietem Aequi dederunt,
qui rupto foedere, quod ictum erat priore
anno cum Romanis, imperium ad Gracchum
Cloelium deferunt; is tum longe princeps in
Aequis erat. Graccho duce in Lanuvinum
agrum, inde in Tusculanum hostili popula-
tione veniunt, plenique praedae in Algido
castra locant. In ea castra Q. Fabius, P.
Volumnius, A. Postumius legati ab Roma
venerunt questum iniurias et ex foedere res
repetitum. eos Aequorum imperator, quae
mandata habeant ab senatu Romano, ad
quercum iubet dicere; se alia interim actu-
rum. quercus ingens arbor praetorio immi-
nebat, cuius umbra opaca sedes erat. tum
ex legatis unus abiens «et haec» inquit «sa-
crata quercus et quidquid deorum est, audi-
ant foedus a vobis ruptum, nostrisque et
nunc querelis adsint et mox armis, cum
deorum hominumque simul violata iura
exsequemur.»

Romam ut rediere legati, senatus iussit
alterum consulem contra Gracchum in
Algidum exercitum ducere, alteri populatio-
nem finium Aequorum provinciam dedit.
tribuni suo more impedire dilectum, et for-
sitan ad ultimum impedissent; sed novus
26.1 subito additus terror est. vis Sabinorum
ingens prope ad moenia urbis infesta po-
pulatione venit; foedati agri, terror iniec-
tus urbi est. tum plebs benigne arma cepit;
reclamantibus frustra tribunis magni duo
exercitus scripti. alterum Nautius contra
Sabinos duxit, castrisque ad Eretum positis,
per expeditiones parvas, plerumque noc-
turnis incursionibus, tantam vastitatem in

Aber die Aequer gaben nicht lange Ruhe; nachdem sie das Bündnis gebrochen hatten, das mit den Römern im Jahr davor geschlossen worden war, übergaben sie den Oberbefehl an Gracchus Cloelius; dieser war damals der führende Mann bei den Aequern. Unter der Führung des Gracchus gelangten die Aequer zunächst ins Gebiet von Lanuvium, dann in die Nähe von Tusculum und plünderten schlimm; mit Beute beladen schlugen sie am Algidus ihr Lager auf. In dieses Lager kamen Quintus Fabius, Publius Volumnius und Aulus Postumius als Gesandte Roms, um sich wegen der Übergriffe zu beklagen und um aus dem Vertrag ihre Forderungen zu stellen. Der Feldherr der Aequer sagte, sie sollten die Botschaft, die sie vom Senat in Rom hätten, der Eiche ausrichten; er habe jetzt gerade anderes zu tun. Die Eiche stand als riesiger Baum vor dem Feldherrnzelt, und ihr Schatten bot einen stillen Ruheplatz. Da rief einer der Gesandten, als sie den Ort verließen: «Diese geweihte Eiche und ebenso alle Gottheiten, die hier sind, mögen vernehmen, daß von euch das Bündnis gebrochen worden ist; mögen sie jetzt unseren Klagen und bald unserem Kampf beistehen, wenn wir diese Missachtung göttlichen wie menschlichen Rechts rächen werden!»

Nach der Rückkehr der Gesandten in Rom beauftragte der Senat den einen Konsul, ein Heer gegen Gracchus auf den Algidus zu führen; dem anderen übertrug er die Aufgabe, das Gebiet der Aequer zu verwüsten. Die Tribunen erhoben wie gewohnt Einspruch gegen eine Aushebung und hätten sie vielleicht letztlich auch verhindert;

aber eine neue Schreckensbotschaft traf unvermutet ein. Ein großes Aufgebot der Sabiner kam böse plündernd bis an die Mauern Roms; die Äcker wurden verwüstet, der Schrecken drang in die Stadt ein. Da griff das Volk gern zu den Waffen; der Einspruch der Tribunen war vergeblich; zwei große Heere wurden zusammengestellt. Das eine führte Nautius gegen die Sabiner; von dem bei Eretum errichteten Feldlager aus richtete er in kleineren militärischen, meist nächtlichen Aktionen auf

Sabino agro reddidit, ut comparati ad eam prope intacti bello fines Romani viderentur.

Minucio neque fortuna nec vis animi eadem in gerendo negotio fuit; nam cum haud procul ab hoste castra posuisset, nulla magnopere clade accepta castris se pavidus tenebat. quod ubi senserant hostes, crevit ex metu alieno, ut fit, audacia, et nocte adorti castra postquam parum vis aperta profecerat, munitiones postero die circumdant. quae priusquam undique vallo obiectae clauderent exitus quinque equites inter stationes hostium emissi Romam pertulere consulem exercitumque obsideri. nihil tam necopinatum nec tam insperatum accidere potuit. itaque tantus pavor, tanta trepidatio fuit, quanta si urbem non castra hostes obsiderent. Nautium consulem arcessunt. in quo cum parum praesidii videretur dictatoremque dici placeret, qui rem perculsam restitueret, L. Quinctius Cincinnatus consensu omnium dicitur.

Operae pretium est audire, qui omnia prae divitiis humana spernunt neque honori magno locum neque virtuti putant esse, nisi ubi effuse affluant opes. spes unica imperii populi Romani, L. Quinctius, trans Tiberim, contra eum ipsum locum, ubi nunc navalia sunt, quattuor iugerum colebat agrum, quae prata Quinctia vocantur. ibi ab legatis – seu fossam fodiens palae innixus, seu cum araret, operi certe, id quod constat, agresti intentus – salute data in vicem redditaque rogatus ut, quod bene verteret ipsi reique publicae, togatus mandata sena-
114 tus audiret, admiratus rogitansque «satin
115 salve?» togam propere e tugurio proferre

Sabinerboden eine so große Verwüstung an, daß das römische Gebiet im Vergleich dazu beinahe vom Krieg unberührt zu sein schien.

Dem Minucius war bei der Durchführung seiner Aufgabe weder Erfolg noch Tatkraft in gleichem Maße beschieden; er hatte sein Lager nicht weit vom Feind entfernt aufgeschlagen, hielt sich aber ängstlich im Lager zurück, obwohl er keine größeren Verluste erlitten hatte. Als dies die Feinde merkten, schlug ihre Angst vor dem Unberechenbaren, was oft so ist, in Wagemut um; sie griffen nachts das Lager an, und als sie mit offener Gewalt wenig erreicht hatten, brachten sie tags darauf rundum Verschanzungen an. Bevor der gegenüberliegende Wall alle Ausgänge verschloß, wurden fünf Reiter zwischen den feindlichen Posten hindurch nach Rom geschickt mit der Meldung, daß der Konsul mit seinem Heer belagert werde. Nichts hätte unerwarteter und ungelegener kommen können als dies. Darum gab es ein Erschrecken und eine Aufregung, wie wenn der Feind die Hauptstadt, nicht das Lager eingeschlossen hätte. Man ließ den Konsul Nautius holen. Da man jedoch den Einduck hatte, er biete zu wenig Sicherheit und es müsse ein Diktator ernannt werden, der die zerfahrene Situation retten könne, wurde einstimmig Lucius Quinctius Cincinnatus dazu erwählt.

Es lohnt sich nun zuzuhören, für diejenigen, die alles Menschliche im Vergleich mit dem Göttlichen gering achten und nicht glauben, daß hohe Ehrenhaftigkeit und Mannesmut irgendwo stattfinden, wo es nicht um reichlich fließenden Gewinn geht. Der Mann, auf dem die letzte Hoffnung der römischen Nation ruhte, Lucius Quinctius, besaß jenseits vom Tiber, gerade gegenüber von dort, wo heute die Schiffswerften sind, vier Morgen Land, die er selbst bestellte; heute heißen sie «Quinctische Wiesen». Dort trafen ihn die Abgesandten, wie er mit dem Spaten einen Graben aushob oder wie er pflügte – jedenfalls, das steht fest, mit Landarbeit beschäftigt. Nach der gegenseitigen Begrüßung wird er gebeten, die Toga anzulegen und die Aufträge des Senats anzuhören; das sei für ihn und für das Gemeinwesen gut. Er wundert sich und fragt: «Ist etwas los?» Dann bittet er seine Frau Racilia, ihm aus dem Haus die

uxorem Raciliam iubet. qua simul absterso pulvere ac sudore velatus processit, dictatorem eum legati gratulantes consalutant, in urbem vocant; qui terror sit in exercitu, exponunt. navis Quinctio publice parata fuit, transvectumque tres obviam egressi filii excipiunt, inde alii propinqui atque amici, tum patrum maior pars. ea frequentia stipatus antecedentibus lictoribus deductus est domum. et plebis concursus ingens fuit; sed ea nequaquam tam laeta Quinctium vidit, et imperium nimium et virum in ipso imperio vehementiorem rata. et illa quidem nocte nihil praeterquam vigilatum est in urbe.

27.1 Postero die dictator cum ante lucem in forum venisset, magistrum equitum dicit L. Tarquinium, patriciae gentis, sed qui, cum stipendia pedibus propter paupertatem fecisset, bello tamen primus longe Romanae iuventutis habitus esset. cum magistro equitum in contionem venit, iustitium edicit, claudi tabernas tota urbe iubet, vetat quemquam privatae quicquam rei agere; tum quicumque aetate militari essent, armati cum cibariis in dies quinque coctis vallisque duodenis ante solis occasum in campo Martio adessent; quibus aetas ad militandum gravior esset, vicino militi, dum is arma pararet vallumque peteret, cibaria coquere iussit. sic iuventus discurrit ad vallum petendum. sumpsere unde cuique proximum fuit; prohibitus nemo est; impigreque omnes ad edictum dictatoris praesto fuere. inde composito agmine non itineri magis apti quam proelio, si res ita tulisset, legiones ipse dictator, magister
116 equitum suos equites ducit. in utroque ag-
117 mine quas tempus ipsum poscebat adhorta-

Toga zu bringen. Nachdem er sich Staub und Schweiß abgewischt hat und gekleidet hervortritt, begrüßen ihn die Abgesandten huldigend als Diktator, bitten ihn in die Stadt zu kommen und legen ihm dar, welches Schrecknis dem Heer zugestoßen ist. Von der Behörde war für Quinctius ein Schiff bereitgestellt worden; als er den Tiber überquert hat, gehen ihm seine drei Söhne entgegen und empfangen ihn; ebenso andere Verwandte und Freunde sowie ein Großteil der Senatoren. Von dieser Menschenschar umringt, wird er nach Hause geführt, wobei ihm die Liktoren vorausgehen. Auch viele aus dem niederen Volk waren zusammengeströmt; doch sehen sie den Quinctius nicht besonders gern, da die Meinung herrscht, so viel Macht sei zu viel und der Mann selber werde durch die Macht zu stark. In jener Nacht wird nichts mehr unternommen; es werden nur Wachen in der Stadt aufgestellt.

Am nächsten Tag kommt der Diktator schon vor Sonnenaufgang aufs Forum und bestimmt den Lucius Tarquitius, einen Mann von patrizischer Herkunft, zum Reiteroberst; obwohl er aus Armut seinen Wehrdienst bei der Fußtruppe geleistet hatte, wurde er unter den Waffenfähigen Roms als der Allertüchtigste angesehen. Zusammen mit dem Reiteroberst tritt der Diktator vor das versammelte Volk und ordnet den Ausnahmezustand an; alle Geschäftsbetriebe in der ganzen Stadt sollen geschlossen werden, und es ist allen verboten, irgend etwas Privates zu erledigen. Wer immer im dienstfähigen Alter sei, solle ausgerüstet mit Waffen, mit Proviant für fünf Tage und mit je zwölf Schanzpfählen noch vor Sonnenuntergang auf dem Marsfeld erscheinen; wer für den militärischen Dienst zu alt sei, müsse für den Nachbarn, während dieser seine Ausrüstung und die Schanzpfähle herrichte, das Essen vorkochen. So eilten die jungen Leute dahin und dorthin, um Schanzmaterial zu besorgen. Jeder nahm, wo es sich ihm am nächsten bietet; gehindert wurde niemand. Jeder bemühte sich, das Gebot des Diktators treu zu erfüllen. So bringt man einen Heereszug zusammen, der nicht so sehr zu einem Marsch wie zum Kampfe ausgerüstet ist, falls es so weit kommen sollte. Der Diktator führt die Fußtruppen, der Reiteroberst seine Reiter. Für beide Abteilungen

tiones erant: adderent gradum; maturato opus esse, ut nocte ad hostem pervenire posset; consulem exercitumque Romanum obsideri, tertium diem iam clausos esse; quid quaeque nox aut dies ferat incertum esse; puncto saepe temporis maximarum rerum momenta verti. «adcelera, signifer», «sequere, miles» inter se quoque, gratificantes ducibus, clamabant. media nocte in Algidum perveniunt et, ut sensere se iam prope hostes esse, signa constituunt.

28.1 Ibi dictator quantum nocte prospici poterat, equo circumvectus contemplatusque, qui tractus castrorum quaeque forma esset, tribunis militum imperavit, ut sarcinas in unum conici iubeant, militem cum armis valloque redire in ordines suos. facta quae imperavit. tum quo fuerant ordine in via, exercitum omnem longo agmine circumdat hostium castris et, ubi signum datum sit, clamorem omnes tollere iubet; clamore sublato ante se quemque ducere fossam et iacere vallum. edito imperio, signum secutum est. Iussa miles exsequitur; clamor hostes circumsonat. superat inde castra hostium et in castra consulis venit; alibi pavorem, alibi gaudium ingens facit. Romani civilem esse clamorem atque auxilium adesse inter se gratulantes, ultro ex stationibus ac vigiliis territant hostem.

Consul differendum negat; illo clamore non adventum modo significari, sed rem ab suis coeptam, mirumque esse ni iam exteriore parte castra hostium oppugnentur. itaque arma suos capere et se subsequi iubet. nocte initum proelium est; legionibus dic-
 tatoris clamore significant ab ea quoque
 parte rem in discrimine esse.

lautete die Weisung, wie die Umstände es verlangten: man solle schnell marschieren. Eile sei nötig, so daß man noch diese Nacht den Feind erreichen könne. Ein römischer Konsul und sein Heer seien in Bedrängnis, seien schon den dritten Tag eingeschlossen. Was diese Nacht und der folgende Tag bringen würden, sei ungewiß; oft werde durch einen kleinen Zeitgewinn in den nichtigsten Geschehnissen der Ausschlag gegeben; «Geh schneller, Fähnrich!», oder «Aufschließen, Soldaten!» So rufen sie sich gegenseitig zu und tun den Führern zuliebe alles. Um Mitternacht gelangen sie zum Algidus, und da sie merken, daß sie nah am Feind sind, machen sie Halt.

Dort ritt der Diktator rings umher, soweit er nachts überhaupt sehen konnte, um zu beobachten, welchen Verlauf das Lager habe und wie groß es sei; dann befahl er den Tribunen, das Gepäck an einem Ort abladen, die Mannschaften mit Waffen und Schanzpfählen wieder in die Reihen zurücktreten zu lassen. Was er befohlen hatte, geschah. Er beläßt das ganze Heer in der Ordnung wie auf dem Marsch und umgibt mit dieser langen Kolonne das Lager der Feinde; auf ein Zeichen hin sollten alle zu lärmen anfangen; danach sollte jeder gerade an seinem Platz einen Graben ausheben und einen Wall errichten. Kaum ist dieser Befehl ergangen, folgt auch schon das Zeichen. Jeder Soldat tut, was befohlen ist; rund um die Feinde ertönt das Geschrei, es tönt über das Lager der Feinde hinweg bis ins Lager des Konsuls; an dem ersten Ort löst es Schrecken aus, am zweiten gewaltige Freude. Die Römer beglückwünschen einander, daß es das Rufen von Landleuten sei und daß sie Hilfe erhalten hätten, und auch sie, aus ihrer Stellung und von ihren Posten her, versetzen den Feind in Schrecken.

Der Konsul sagt, man dürfe nicht mehr zögern; das Rufen zeige nicht nur das Kommen der Ihrigen an, sondern auch, daß sie schon angefangen hätten; er würde sich nicht wundern, wenn sie schon am äußeren Rand der feindlichen Stellung kämpften. Darum befiehlt er seinen Truppen, die Waffen zu ergreifen und ihm zu folgen. Noch bei Nacht beginnt der Kampf; durch dessen Lärm zeigen sie den Truppen des Diktators an, daß auch auf ihrer Seite die Sache zur Entscheidung kommen will.

Iam se ad prohibenda circumdari opera Aequi parabant, cum – ab interiore hoste proelio coepto, ne per media sua castra fieret eruptio – a munientibus ad pugnantes introrsum versi vacuam noctem operi dedere, pugnatumque cum consule ad lucem est. luce prima iam circumvallati ab dictatore erant et vix adversus unum exercitum pugnam sustinebant. tum a Quinctiano exercitu, qui confestim a perfecto opere ad arma rediit, invaditur vallum. hic instabat nova pugna; illa nihil remiserat prior. tum ancipiti malo urgente, a proelio ad preces versi hinc dictatorem, hinc consulem orare, ne in occidione victoriam ponerent, ut inermes se inde abire sinerent. ab consule ad dictatorem ire iussi; is ignominiam infensus addidit; Gracchum Cloelium ducem principesque alios vinctos ad se adduci iubet, oppido Corbione decedi. sanguinis se Aequorum non egere; licere abire, sed ut exprimatur tandem confessio subactam domitamque esse gentem, sub iugum abituros. tribus hastis iugum fit, humi fixis duabus superque eas transversa una deligata. sub hoc iugum dictator Aequos misit.

29.1 Castris hostium receptis plenis omnium rerum – nudos enim emiserat – praedam omnem suo tantum militi dedit; consularem exercitum ipsumque consulem increpans «carebis» inquit «praedae parte, miles, ex eo hoste, cui prope praedae fuisti. et tu, L. Minuci, donec consularem animum incipias habere, legatus his legionibus praeeris.» ita se Minucius abdicat consulatu iussusque ad exercitum manet. sed adeo tum imperio meliori animus mansuete oboediens erat, ut beneficii magis quam ignominiae hic

Schon machten sich die Aequer daran, die Einschließung ihres Lagers zu verhindern, als sie, da von innen her der Feind den Kampf begonnen hatte, zur Verhinderung eines Durchbruchs mitten durch ihr Lager sich von der Schanzarbeit weg und dem Kampf an der Innenfront zuwandten und bloß die Nacht zu ihrer Außenmauer machten; bis zum Morgengrauen ging der Kampf mit dem Konsul. Bei Tagesanbruch waren sie schon vom Diktator mit dem Wall umzingelt und konnten doch kaum dem einen Heer stand halten. Dann wird vom Heer des Quinctius, der unmittelbar nach Beendigung der Schanzarbeit wieder die Waffen ergreifen ließ, der Wall überschritten. Jetzt gibt es ein neues Gefecht, wo doch das alte noch keineswegs zu Ende ist. Von beiden Seiten arg bedrängt, verlegen sie sich vom Kämpfen aufs Bitten, sagen hier zum Diktator, dort zum Konsul, sie möchten nicht durch ein Gemetzel den Sieg vollstrecken, sondern sie ohne Waffen frei abziehen lassen. Der Konsul schickt sie zum Diktator. Der fügt ihnen in seinem Zorn eine Demütigung zu: Sie sollen ihren Führer Gracchus Cloelius und andere wichtige Männer gefesselt zu ihm bringen und von der Stadt Corbio abziehen. Das Blut der Aequer begehre er nicht; er lasse sie laufen. Damit aber endlich ihr Eingeständnis, ein besiegtes Volk zu sein, deutlich werde, hätten sie unter dem Joche durchzugehen. Aus drei Lanzen wird ein Joch gemacht; zwei werden in den Boden gesteckt und die dritte quer darüber befestigt. Unter diesem Joch ließ der Diktator die Aequer durchgehen.

Das Lager des Feindes wurde eingenommen; es war noch alles da; nichts hatte er ihnen gelassen, als er sie fortschickte. Die gesamte Beute verteilte er nur an seine eigenen Soldaten. Das Heer des Konsuls und den Konsul selbst herrschte er an: «Ihr werdet, Soldaten, auf einem Anteil an der Beute verzichten, die einem Feind abgenommen wurde, dessen Beute ihr beinahe selbst geworden wäret! Und du, Minucius, wirst so lange, bis du anfängst, wie ein Konsul zu denken, als Unterfeldherr diese Legionen befehligen.» Da gibt Minucius seine Konsulwürde auf und bleibt in der befohlenen Stellung beim Heer. Die Bereitschaft, der besseren Führung gern zu gehorchen, war so groß, daß das ganze Heer mehr an das Gute als an die

exercitus memor et coronam auream dictatori, libram pondo, decreverit et proficiscentem eum patronum salutaverit.

Romae a Q. Fabio praefecto urbis senatus habitus triumphantem Quinctium, quo veniebat agmine, urbem ingredi iussit. Ducti ante currum hostium duces; militaria signa praelata; secutus exercitus praeda onustus. epulae instructae dicuntur fuisse ante omnium domos, epulantesque cum carmine triumphali et sollemnibus iocis comisantium modo currum secuti sunt. Quinctius sexto decimo die dictatura in sex menses accepta se abdicavit.

NEFAS AB LIBIDINE ORTVM

III.44.1 Sequitur aliud in urbe nefas, ab libidine ortum, haud minus foedo eventu quam quod per stuprum caedemque Lucretiae urbe regnoque Tarquinios expulerat, ut non finis solum idem decemviris qui regibus, sed causa etiam eadem imperii amittendi esset. Ap. Claudium virginis plebeiae stuprandae libido cepit. Pater virginis, L. Verginius, honestum ordinem in Algido ducebat, vir exempli recti domi militiaeque. perinde uxor instituta fuerat liberique instituebantur. desponderat filiam L. Icilio tribunicio, viro acri et pro causa plebis expertae virtutis. hanc virginem adultam forma excellentem Appius amore amens pretio ac spe perlicere adortus, postquam omni a pudore saepta animadverterat, ad crudelem superbamque vim animum convertit.
122 M. Claudio clienti negotium dedit, ut
123 virginem in servitutem adsereret neque

Schande dachte; die Soldaten sprachen dem Diktator eine goldene Krone zu, ein Pfund schwer, und beim Aufbruch feierten sie ihn als ihren Beschützer.

In Rom wurde eine Senatssitzung unter der Leitung des Stadtpräfekten Quintus Fabius einberufen; sie verfügte, daß Quinctius in der Marschordnung, in der er komme, als Triumphator in die Stadt einziehen solle. Die feindlichen Anführer ließ man vor seinem Wagen einhergehen. Die Feldzeichen wurden vorausgetragen; es folgte das beutebeladene Heer. Vor allen Häusern sollen Festessen veranstaltet worden sein; die Schmausenden folgten dem Wagen mit Triumphgesang und, zur Feier des Tages, mit Späßen nach Art der Possenreißer. Quinctius legte nach sechzehn Tagen die Diktatur nieder, die er für sechs Monate zugesprochen bekommen hatte.

EINE UNTAT AUS WILLKÜR

Es folgt nun eine andere in Rom begangene Untat, der Willkür entsprungen, mit einem ebenso schimpflichen Ende wie es nach der Schändung und dem Tod der Lucretia die Vertreibung der Tarquinier aus der Stadt und vom Thron gewesen war; nicht nur das Ende der Decemvirn, sondern auch der Anlaß zum Verlust ihrer Macht war derselbe wie damals beim Königtum. Den Appius Claudius kam die Lust an, eine plebejische Jungfrau zu schänden. Der Vater des Mädchens, Lucius Verginius, war Befehlshaber einer ausgezeichneten Truppe auf dem Algidus, ein beispielhafter Mann als Bürger sie als Soldat. Seine Frau hatte eine Ausbildung genossen, und ebenso ließ er seine Kinder ausbilden. Er hatte seine Tochter dem Volkstribunen Lucius Icilius versprochen, einem tatkräftigen Manne, der für die Sache des Volkes von bewährter Tüchtigkeit war. Das herangewachsene Mädchen fiel dem Appius durch ihre Schönheit auf, und blind vor Liebe begann er sie mit Geschenken und Versprechungen anzulocken; als er dem Schutzwall, vollkommener Schamhaftigkeit sah, verlegte er sich auf rüde, überhebliche Gewalt. Seinen Gefolgsmann Marcus Claudius beauftragte er, das Mädchen als Sklavin ins

cederet secundum libertatem postulantibus vindicias, quod pater puellae abesset locum iniuriae esse ratus.

Virgini venienti in forum – ibi namque in tabernaculis litterarum ludi erant – minister decemviri libidinis manum iniecit, serva sua natam servamque appellans; se sequi iubebat; cunctantem vi abstracturum. pavida puella stupente, ad clamorem nutricis fidem Quiritium implorantis fit concursus; Vergini patris sponsique Icili populare nomen celebrabatur.

notos gratia eorum, turbam indignitas rei virgini conciliat. iam a vi tuta erat, cum adsertor nihil opus esse multitudine concitata ait; se iure grassari, non vi. vocat puellam in ius, auctoribus qui aderant, ut sequeretur: ad tribunal Appi perventum est.

Notam iudici fabulam petitor, quippe apud ipsum auctorem argumenti, peragit: puellam domi suae natam furtoque inde in domum Vergini translatam suppositam ei esse; id se indicio compertum adferre probaturumque vel ipso Verginio iudice, ad quem maior pars iniuriae eius pertineat; interim dominum sequi ancillam aequum esse. advocati puellae, cum Verginium rei publicae causa dixissent abesse, biduo adfuturum si nuntiatum ei sit, iniquum esse absentem de liberis dimicare, postulant ut rem integram in patris adventum differat, lege ab ipso lata vindicias det secundum libertatem, neu patiatur virginem adultam famae prius quam libertatis periculum adire.

124 45.1 Appius decreto praefatus quam libertati
125 faverit eam ipsam legem declarare, quam

Haus zu nehmen und sie nicht vorläufig freizulassen, wenn jemand dies fordere. Ihr Vater, der dies als Unrecht auffasse, sie ja gar nicht da.

Als das Mädchen aufs Forum kam – die Schule befand sich dort in Bretterbuden – legte der Handlanger der lüsternen Willkür des Decemvir die Hand auf sie, sprach sie als Tochter einer seiner Sklavinnen und somit auch als Sklavin an und befahl ihr, ihm zu folgen; falls sie sich sträube, werde er Gewalt anwenden. Das Mädchen ist starr vor Schrecken. Auf das Schreien der Amme hin, die die Redlichkeit der römischen Bürger anruft, gibt es einen Auflauf. Man hört immer wieder die im Volk bekannten Namen ‹Verginius, der Vater› und ‹Icilius, der Verlobte›. Jeden, der die beiden kennt, bringt die Freundschaft, den Volkshaufen aber bringt der Zorn auf die Seite des Mädchens. Kaum ist sie vor Gewalt sicher, so erklärt der Mann, der auf sie Anspruch erhebt, die Leute erregten sich unnötigerweise; er gehe rechtens vor, nicht gewaltsam. Er verlangt vom Mädchen, sich dem Richter zu stellen; die Umstehenden fordern dazu auf, ihm zu folgen; alle gelangen zum Richterstuhl des Appius. Der Kläger trägt dem Richter die ihm schon bekannte Geschichte als Klage vor – dieser hatte ja die Sache veranlaßt. Das Mädchen sei in seinem Hause geboren worden und dann durch Diebstahl ins Haus des Verginius verschleppt und diesem unterschoben worden. Er habe es durch Anzeige erfahren, bringe es jetzt vor und werde es beweisen, sogar wenn Verginius selbst Richter wäre, auf den sich ja der größere Teil des Unrechts beziehe; inzwischen sei es aber recht, daß die Magd ihrem Herrn folge. Die Fürsprecher des Mädchens sagen, Verginius sei in staatlichem Dienste abwesend, könne aber in zwei Tagen hier sein, wenn man ihm den Vorfall melde; es sei nicht recht, als Abwesender um seine Kinder streiten zu müssen. Sie verlangen, daß die Sache bis zum Eintreffen des Vaters verschoben werde und daß Appius, gemäß seinem eigenen Gesetz, sie vorläufig in Freiheit setze; er solle nicht zulassen, daß ein erwachsenes Mädchen noch mehr um ihren Ruf als um ihre Freiheit bangen müsse.

Bevor Appius etwas entschied, sagte er, gerade jenes Gesetz, welches die Freunde des Verginius für ihre Forderung an-

Vergini amici postulationi suae praetendant; ceterum ita in ea firmum libertati fore praesidium, si nec causis nec personis variet. in iis enim qui adserantur in libertatem, quia quivis lege agere possit, id iuris esse; in ea quae in patris manu sit,

neminem esse alium, cui dominus possessione cedat. placere itaque patrem arcessiri; interea iuris sui iacturam adsertorem non facere, quin ducat puellam sistendamque in adventum eius qui pater dicatur promittat.

Adversus iniuriam decreti cum multi magis fremerent quam quisquam unus recusare auderet, P. Numitorius puellae avus et sponsus Icilius interveniunt; dataque inter turbam via, cum multitudo Icili maxime interventu resisti posse Appio crederet, lictor decresse ait vociferantemque Icilium submovet. placidum quoque ingenium tam atrox iniuria accendisset. «Ferro hinc tibi submovendus sum, Appi,» inquit, «ut tacitum feras quod celari vis. virginem ego hanc sum ducturus nuptamque pudicam habiturus. proinde omnes collegarum quoque lictores convoca; expediri virgas et secures iube; non manebit extra domum patris sponsa Icili. non si tribunicium auxilium et provocationem plebi Romanae, duas arces libertatis tuendae, ademistis, ideo in liberos quoque nostros coniugesque regnum vestrae libidini datum est. saevite in tergum et in cervices nostras; pudicitia saltem in tuto sit. huic si vis adferetur, ego praesentium Quiritium pro sponsa, Verginius militum pro unica filia, omnes deorum hominum-
126 que implorabimus fidem, neque tu istud
127 unquam decretum sine caede nostra re-

sprächen, zeige doch, wie sehr es die Freiheit begünstige. Überhaupt befinde sich hier ein Bollwerk für die Freiheit, zumal das Gesetz weder in einzelnen Fällen noch von einzelnen Personen verschieden ausgelegt; bei denen, die zu freien Bürgern erklärt seien, habe es Rechtskraft, da jedermann nach dem Gesetz vorgehen könne. Bei einem Mädchen aber, die dem Vater unterstellt sei, gebe es niemanden, dem ein Besitzer das Besitzverhältnis abtreten müsse. Darum beschließe er, den Vater kommen zu lassen; inzwischen gehe dem Anspruchserhebenden sein Recht nicht verloren, wenn er das Mädchen nicht zur Frau nehme und verspreche, es dem Gericht zur Verfügung zu halten, bis derjenige komme, der ihr Vater genannt werde.

Wie nun viele eher nur murren als daß ein einzelner den Mut hat, gegen das Unrecht dieses Beschlußes Einspruch zu erheben, treten Publius Numitorius, der Großvater des Mädchens, und ihr Verlobter Icilius dazwischen. In der Volksmenge wird Platz gemacht; die Leute meinen, man könne am ehesten durch den Einspruch des Icilius dem Appius Widerstand leisten; doch der Liktor sagt, es sei jetzt entschieden und weist den schreienden Icilius zurück: Auch den Sanftmütigsten hätte diese schreckliche Ungerechtigkeit in Wut versetzt. «Du mußt mich schon mit Waffengewalt von hier wegbringen, Appius,» sagte Icilius, «wenn verschwiegen bleiben soll, was du verheimlichen willst! Diese junge Frau werde ich heimführen und sie noch unberührt zur Frau nehmen! Rufe du nur alle Liktoren zusammen, auch die deiner Kollegen; befiehl, Ruten und Beile bereitzulegen! Die Braut des Icilius wird nicht ausserhalb des Vaterhauses bleiben. Auch wenn ihr dem Volke die Unterstützung durch die Volkstribunen und das Berufungsrecht, zwei wichtige Pfeiler der Freiheit, weggenommen habt, so bedeutet das nicht, daß eurer Willkür die Herrschaft über unsere Kinder und Frauen gegeben wäre! Unser Rücken und unser Hals mag eure Wut verspüren; aber laßt doch wenigstens die Unschuld in Ruhe! Wenn dem Mädchen Gewalt angetan wird, so werden wir gemeinsam um Beistand flehen, ich bei den anwesenden römischen Bürgern für meine Braut, Verginius bei seinen Soldaten für seine Tochter, alle bei Göttern und Menschen, und du wirst niemals deinen Beschluß zur

feres. postulo, Appi, etiam atque etiam consideres, quo progrediare. Verginius viderit de filia, ubi venerit, quid agat; hoc tantum sciat aliam sibi, si huius vindiciis cesserit, condicionem filiae quaerendam esse. me vindicantem sponsam in libertatem vita citius deseret quam fides.»

46.1 Concitata multitudo erat certamenque instare videbatur. lictores Icilium circumsteterant; nec ultra minas tamen processum est, cum Appius non Verginiam defendi ab Icilio, sed inquietum hominem et tribunatum etiam nunc spirantem locum seditioni quaerere diceret.

non praebiturum se illi eo die materiam, sed, ut iam sciret non id petulantiae suae, sed Verginio absenti et patrio nomini et libertati datum, ius eo die se non dicturum neque decretum interpositurum; a M. Claudio petiturum, ut decederet iure suo vindicarique puellam in posterum diem pateretur; quod nisi pater postero die adfuisset, denuntiare se Icilio similibusque Icili neque legi suae latorem neque decemviro constantiam defore; nec se utique collegarum lictores convocaturum ad coercendos seditionis auctores; contentum se suis lictoribus fore.

Cum dilatum tempus iniuriae esset secessissentque advocati puellae, placuit omnium primum fratrem Icili filiumque Numitori, impigros iuvenes, pergere inde recta ad portam, et quantum adcelerari posset Verginium acciri e castris; in eo verti puellae salutem, si postero die vindex
128 iniuriae ad tempus praesto esset. iussi
129 pergunt citatisque equis nuntium ad pa-

Abstimmung bringen, ohne uns zu töten! Ich verlange, Appius, daß du nochmals und nochmals bedenkst, welchen Weg du gehst. Verginius muß selber sehen, wohin es führt, was er für seine Tochter tut. Er muß nur wissen: Falls er den Forderungen dieses Mannes nachgibt, muß er eine andere Verbindung für seine Tochter suchen! Ich fordere die Freiheit für meine Braut, und dafür sterbe ich eher, als daß ich treulos werde!»

Die Volkmenge ist erregt; eine gewaltsame Auseinandersetzung scheint unausweichlich. Liktoren umringen den Icilius. Doch geht man über diese Drohgebärde nicht hinaus, obgleich Appius sagt, hier handle es sich nicht um die Verteidigung der Verginia durch Icilius; vielmehr suche ein aufrührerischer und immer noch nach dem Volkstribunat lüsterner Mann nach einer Gelegenheit zu einem Aufruhr. Er werde ihm an diesem Tage keinen Anlaß dazu bieten; vielmehr, damit Icilius merke, daß der Aufschub nicht seiner Aufdringlichkeit wegen, sondern aufgrund der Abwesenheit des Verginius und mit Rücksicht auf die Stellung eines Vaters sowie für die Freiheit gewährt worden sei, werde er an diesem Tage nicht Recht sprechen und auch keinen vorläufigen Entscheid fällen. Den Marcus Claudius werde er bitten, von seinem Recht zurückzutreten und zu gestatten, daß der Anspruch auf das Mädchen am folgenden Tage wieder erhoben werde. Dem Icilius und Seinesgleichen tue er kund, daß es, sollte der Vater am nächsten Tag nicht da sein, weder seinem Gesetz an Befürwortern fehlen werde noch einem Decemvir an Ausdauer; er brauche nicht die Liktoren der Kollegen herbeizurufen, um die Anstifter eines Aufstandes in den Griff zu bekommen; er habe an seinen eigenen Liktoren genug.

Als nun der eigentliche Gewaltakt hinausgezögert war und die Fürsprecher des Mädchens sich zur Beratung zurückgezogen hatten, fanden diese, daß zu allererst der Bruder des Icilius und der Sohn des Numitorius, zwei aufgeweckte junge Männer, stracks zum Stadttor gehen und daß Verginius möglichst schnell aus dem Lager geholt werden solle. Das Glück des Mädchens werde sich dann wenden, wenn morgen der Beschützer von Unrecht pünktlich zur Stellle sei. Mit diesem Auftrag machen sie sich auf den Weg; sie spornen die Pferde

trem perferunt. Cum instaret adsertor puellae, ut vindicaret sponsoresque daret, atque id ipsum agi diceret Icilius, sedulo tempus terens, dum praeciperent iter nuntii missi in castra, manus tollere undique multitudo et se quisque paratum ad spondendum Icilio ostendere. atque ille lacrimabundus «Gratum est,» inquit; «crastina die vestra opera utar; sponsorum nunc satis est.» ita vindicatur Verginia spondentibus propinquis. Appius paulisper moratus, ne eius rei causa sedisse videretur, postquam omissis rebus aliis prae cura unius nemo adibat, domum se recepit collegisque in castra scribit, ne Verginio commeatum dent atque etiam in custodia habeant. Improbum consilium serum, ut debuit, fuit et iam commeatu sumpto profectus Verginius prima vigilia erat, cum postero die mane de retinendo eo nequiquam litterae redduntur.

47.1 At in urbe prima luce civitas in foro exspectatione erecta staret, Verginius sordidatus filiam secum obsoleta veste comitantibus aliquot matronis cum ingenti advocatione in forum deducit. Circumire ibi et prensare homines coepit et non orare solum precariam opem, sed pro debita petere: se pro liberis eorum ac coniugibus cottidie in acie stare, nec alium virum esse, cuius strenue ac fortiter facta in bello plura memorari possent; quid prodesse, si incolumi urbe, quae capta ultima timeantur, liberis suis sint patienda? haec prope contionabundus circumibat homines. similia his ab Icilio iactabantur. comitatus muliebris plus tacito fletu quam ulla vox movebat. adversus quae omnia obstinato animo

und überbringen dem Vater die Nachricht. Wie nun derjenige, der auf das Mädchen Anspruch erhoben hatte, darauf besteht, daß Icilius für ihre Freilassung Bürger stelle, und Icilius entgegnet, eben darum gehe es ja – er läßt absichtlich Zeit vergehen, damit die Boten auf den Weg zum Lager einen Vorsprung gewinnen – da erheben die Leute ringsum ihre Hände, und es wird deutlich, daß jedermann bereit ist, für Icilius zu bürgen. Er aber, den Tränen nahe, sagt: «Danke. Ich werde eure Hilfe morgen in Anspruch nehmen: jetzt habe ich genug Bürgen». So wird Verginia freigegeben, auf Bürgschaft von Verwandten. Appius blieb noch einige Zeit da, damit es nicht so aussieht, als habe er sich nur für diesen Rechtsfall hingesetzt; da aber niemand mehr zu ihm kam, weil alle aus Anteilnahme an dieser Sache die eigenen Angelegenheiten zurückgestellt hatten, ging er nach Hause. Er schreibt an seine Kollegen im Kriegslager, sie sollen dem Verginius keinen Urlaub erteilen, sondern ihn in Gewahrsam nehmen. Der tückische Auftrag, kommt zu spät – so gehörte es sich. Verginius war, nachdem der die Erlaubnis eingeholt hatte, schon um die erste Nachtwache aufgebrochen, als am Morgen des nächsten Tages, die Briefe wegen der Festsetzung gebracht werden – nun umsonst.

Als am frühen Morgen in Rom die ganze Bürgerschaft in gespannter Erwartung auf dem Forum steht, führt Verginius, schmutzig gekleidet, seine Tochter in lumpiger Aufmachung auf den Platz, wobei einige ältere Frauen sie begleiten und gewaltig schreien. Hier geht er gleich umher, nimmt die Leute bei der Hand, sagt, er verlange nicht nur erbettelte Hilfe, sondern etwas, das man ihm schuldig sei; tagtäglich stehe er für ihre Kinder und Frauen im Felde, und es gebe wohl kaum jemanden, dessen tapfere und mutige Taten im Krieg mehr gerühmt werden könnten; was nütze diese aber, wenn die Stadt Rom verschont bliebe, die Kinder aber erleiden müssten, was bei einer Eroberung befürchtet wird? So redet er beinahe wie in einer Volksversammlung und geht unter den Leuten umher. Ähnliches bringt auch Icilius vor. Das Geleit der Frauen macht mit stummem Weinen mehr Eindruck, als es irgend ein Wort vermocht hätte. Appius bleibt all dem gegenüber völlig unge-

Appius – tanta vis amentiae verius quam amoris mentem turbaverat – in tribunal escendit, et ultro querente pauca petitore, quod ius sibi pridie per ambitionem dictum non esset, priusquam aut ille postulatum perageret aut Verginio respondendi daretur locus, Appius interfatur. quem decreto sermonem praetenderit, forsan aliquem verum auctores antiqui tradiderint; quia nusquam ullum in tanta foeditate decreti veri similem invenio, id quod constat nudum videtur proponendum, decresse vindicias secundum servitutem.

Primo stupor omnes admiratione rei tam atrocis defixit; silentium inde aliquamdiu tenuit. dein cum M. Claudius, circumstantibus matronis, iret ad prehendendam virginem, lamentabilisque eum mulierum comploratio excepisset, Verginius intentans in Appium manus, «Icilio» inquit, «Appi, non tibi filiam despondi et ad nuptias, non ad stuprum educavi. Placet pecudum ferarumque ritu promisce in concubitus ruere? passurine haec isti sint, nescio; non spero esse passuros illos, qui arma habent.»

Cum repelleretur adsertor virginis a globo mulierum circumstantiumque advocatorum, silentium factum per praeconem.

48.1 Decemvir alienatus ad libidinem animo negat ex hesterno tantum convicio Icili violentiaque Vergini, cuius testem populum Romanum habeat, sed certis quoque indiciis compertum se habere nocte tota coetus in urbe factos esse ad movendam seditionem, itaque se haud inscium eius dimicationis cum armatis descendisse, non ut quemquam quietum violaret, sed ut turbantes civitatis otium pro maiestate imperii coerceret.

rührt – so sehr hat die Leidenschaft, wahrlich eher Wahnsinn als Liebe, seinen Geist verwirrt – und er besteigt den Richterstuhl. Als der Kläger noch ein paar kleine Punkte vorbringt, zu denen er tags zuvor ungerechterweise keinen Bescheid erhalten hatte, da fällt ihm Appius ins Wort, bevor jener seine Forderung beenden konnte und bevor Verginius Gelegenheit erhalten hatte zu antworten. Mit welchen Worten er seinen Beschluß begründet hat, überliefern frühere Autoren vielleicht zutreffend. Da ich keinen finde, der bei dieser Gemeinheit von einem Beschluß Wahrscheinliches sagt, so ist es eben doch das Beste, den Wortlaut unverhüllt wiederzugeben: Er habe beschlossen, vorläufig die Freiheit abzuerkennen.

Zunächst stehen alle starr vor Staunen da, weil sie sich über eine solche Abscheulichkeit wundern. Einige Zeit lang sind alle in Stillschweigen befangen. Als dann Marcus Claudius hingeht, um das Mädchen, das von Müttern umringt ist, zu ergreifen und ihn das Weinen und Jammern der Frauen empfängt, zeigt Verginius auf Appius und ruft: «Dem Icilius, nicht dir, Appius, habe ich die Tochter versprochen, und ich habe sie zum Heiraten großgezogen, nicht zur Vergewaltigung! Drängt man denn wahllos wie das Vieh, wie die wilden Tiere zur Paarung? Ob alle Anwesenden dies hier zulassen werden, weiß ich nicht; ich vertraue aber darauf, daß keiner es zulassen wird, der mit einer Waffe umgehen kann.»

Der den Anspruch erhebt, wird von der Frauengruppe und den Helfern, die um sie herum stehen, zurückgestoßen; ein Herold gebietet Ruhe; es wird still.

Der Decemvir, in seiner Gier außer sich, sagt, er wisse es nicht nur aus dem gestrigen Gezeter des Icilius und den Grobheiten des Verginius – wofür er ja die Bevölkerung von Rom zu Zeugen habe –, sondern er habe auch aus zuverlässigen Anzeigen erfahren, daß während der ganzen Nacht Versammlungen stattgefunden hätten, um einen Aufstand in Gang zu bringen. In Kenntnis dieser Gefahr sei er mit Bewaffneten hierher gekommen, nicht etwa, um ruhigen Leuten Gewalt anzutun, sondern um kraft seiner Amtsbefugnis diejenigen im Zaume zu halten, die den Frieden der Bürgerschaft störten. «Es wird

«proinde quiesse erit melius. i,» inquit, «lictor, submove turbam et da viam domino ad prehendendum mancipium.»

Cum haec intonuisset plenus irae, multitudo ipsa se sua sponte dimovit desertaque praeda iniuriae puella stabat. tum Verginius ubi nihil usquam auxilii vidit, «quaeso,» inquit, «Appi, primum ignosce patrio dolori, si quid inclementius in te sum invectus; deinde sinas hic coram virgine nutricem percontari, quid hoc rei sit, ut si falso pater dictus sum aequiore hinc animo discedam.» data venia seducit filiam ac nutricem prope Cloacinae ad tabernas, quibus nunc Novis est nomen, atque ibi ab lanio cultro arrepto, «hoc te uno quo possum,» ait, «modo, filia, in libertatem vindico.» pectus deinde puellae transfigit, respectansque ad tribunal «Te,» inquit, «Appi, tuumque caput sanguine hoc consecro.» clamore ad tam atrox facinus orto excitus Appius comprehendi Verginium iubet. ille ferro quacumque ibat viam facere, donec multitudine etiam prosequentium tuente ad portam perrexit.

Icilius Numitoriusque exsangue corpus sublatum ostentant populo; scelus Appi, puellae infelicem formam, necessitatem patris deplorant. sequentes clamitant matronae, eamne liberorum procreandorum condicionem, ea pudicitiae praemia esse? – cetera, quae in tali re muliebris dolor, quo est maestior imbecillo animo, eo miserabilia magis querentibus subicit. virorum et maxime Icili vox tota tribuniciae potestatis ac provocationis ad populum ereptae
134 publicarumque indignationum erat. Con-
135 49.1 citatur multitudo partim atrocitate scele-

besser sein, jetzt Ruhe zu geben. Geh, Liktor,» befiehlt er, «treib die Leute auseinander und mach den Weg frei, daß der Eigentümer seinen Besitz an sich nehmen kann!»

Als er dies voll Zorn rief, treten die Leute von selbst beiseite, und das Mädchen steht verlassen da, eine Beute des Unrechts. Verginius sieht nun keinerlei Hilfe mehr und sagt: «Bitte, Appius, verzeih wenigstens dem Schmerz eines Vaters, wenn ich dich wirklich allzu unsanft angegriffen habe; laß mich vor den Augen des Mädchens hier die Amme befragen, was eigentlich los ist, sodaß ich dann, wenn ich zu unrecht Vater genannt werde, ruhigeren Sinnes weggehe.» Die Gunst wird ihm gewährt; er führt seine Tochter samt der Amme zu den Marktständen bei der Venus Cloacina, die jetzt «die Neuen» heißen, reißt dort einem Schlächter das Messer aus der Hand und ruft: «Dies, meine Tochter, ist die einzige Art, auf die ich dich freibekommen kann!»

Er durchbohrt dem Mädchen die Brust, schaut zum Richterpodest hinauf und sagt: «Dich, Appius, und dein Haupt verfluche ich mit diesem Blute!» Bei dem Geschrei, das auf diese gräßliche Tat hin erfolgt, fährt Appius auf und befiehlt, den Verginius zu ergreifen. Der aber bahnt sich mit dem Messer, wo immer er durchgeht, einen Weg, wobei die nachfolgende Menschenmenge ihn schützt, bis er schließlich zum Stadttor kommt.

Icilius und Numitorius heben den verbluteten Körper auf, zeigen ihn dem Volke; sie beklagen die Rohheit des Appius, die unglückbringende Schönheit des Mädchens und die Zwangslage des Vaters. Die Frauen, die hinzukommen, schreien, ob dies die Bedingung des Kinderkriegens, ob dies der Lohn der Sittsamkeit sei, und anderes mehr, was der Schmerz in einer solchen Lage einer Frau eingeben kann – je trauriger es für ein zartes Gemüt ist, desto schlimmer. Was aber die Männer rufen, besonders Icilius, galt ganz der Abschaffung der Tribunatsmacht, den Verlust des Rechtes zur Berufung an die Volksversammlung sowie weiteren Demütigungen, die das Volk hatte hinnehmen müssen. Die Volksmenge erregt sich teils wegen der Schauerlichkeit dieser Bluttat, teils aus

ris, partim spe per occasionem repetendae libertatis.

Appius nunc vocari Icilium, nunc retractantem arripi, postremo, cum locus adeundi apparitoribus non daretur, ipse cum agmine patriciorum iuvenum per turbam vadens, in vincula duci iubet. iam circa Icilium non solum multitudo, sed duces quoque multitudinis erant, L. Valerius et M. Horatius, qui repulso lictore, si iure ageret, vindicare se a privato Icilium aiebant; si vim adferre conaretur, ibi quoque se haud impares fore. hinc atrox rixa oritur. Valerium Horatiumque lictor decemviri invadit: fraguntur a multitudine fasces. in contionem Appius escendit; sequuntur Horatius Valeriusque. eos contio audit: decemviro obstrepitur. iam pro imperio Valerius discedere a privato lictores iubebat, cum fractis animis Appius, vitae metuens, in domum se propinquam foro insciis adversariis capite obvoluto recipit. Sp. Oppius, ut auxilio collegae esset, in forum ex altera parte inrumpit. videt imperium vi victum. agitatis deinde consiliis, postquam ex omni parte adsentiendo multis auctoribus trepidaverat, senatum postremo vocari iussit. ea res, quod magnae parti patrum displicere acta decemvirorum videbantur, spe per senatum finiendae potestatis eius multitudinem sedavit.

Senatus nec plebem inritandam censuit et multo magis providendum, ne quid Vergini adventus in exercitu motus faceret.
50.1 Itaque missi iuniores patrum in castra, quae tum in monte Vecilio erant, nuntiant
136 decemviris, ut omni ope ab seditione milites
137 contineant. ibi Verginius maiorem quam re-

Hoffnung, bei dieser Gelegenheit die Freiheit wieder zu erlangen.

Appius gebietet zunächst, den Icilius herbeizurufen, dann, als er flüchten will, ihn zu ergreifen; schließlich, als seinen Helfern der Weg nicht frei gemacht wird, geht er selbst durch die Menge, umringt von einer Schar adliger Männer, und läßt ihn in Ketten legen. Rund um Icilius hat sich nicht nur die Volksmenge geschart, sondern auch deren Anführer, Lucius Valerius und Marcus Horatius. Sie sagen, daß sie, wenn der Liktor – sofern er nach dem Gesetz handle – abgewiesen sei, auch privat für Icilius einstehen würden. Sollte der Liktor versuchen, gewaltsam vorzugehen, würden sie ihm wohl auch standhalten können. Jetzt entsteht eine wilde Prügelei. Der Liktor des Decemvir geht auf Valerius und Horatius los; von den Umstehenden wird sein Rutenbündel auseinandergerissen. Appius steigt auf die Rednertribüne; Horatius und Valerius folgen ihm. Die versammelte Menge hört nur die beiden; der Decemvir wird übertönt. Valerius verlangt von den Liktoren, im Namen des Rechtsstaates sich von dem Privatmanne zu entfernen, als Appius, mutlos geworden und um sein Leben fürchtend, die Toga über den Kopf zieht und in sein Haus nahe am Forum flüchtet, ohne von seinen Gegnern bemerkt zu werden. Spurius Oppius stürzt von der anderen Seite her aufs Forum, um seinem Kollegen zu helfen, und sieht, daß die Amtsbefugnis der rohen Gewalt unterlegen ist. Verschiedene Vorschläge werden gemacht, und nachdem er hin und her geschwankt war, indem er vielen Meinungen jeweils zustimmte, ordnete er schließlich eine Senatsversammlung an. Dies beruhigte die Volksmenge, da offenbar auch vielen Großbürgern das Tun der Decemvirn mißfiel und zu hoffen war, daß ihrer Macht durch den Senat ein Ende gesetzt würde.

Der Senat hielt es für besser, das Volk nicht zu reizen; man müsse vielmehr dafür sorgen, daß die Ankunft des Verginius beim Heer nicht einen Aufruhr verursachte. Darum werden einige jüngere Senatoren ins Lager gesandt, das damals auf dem Berg Vecilius war; sie melden den Decemvirn, sie sollten unter allen Umständen einen Aufstand der Soldaten verhin-

liquerat in urbe motum excivit. nam praeterquam quod agmine prope quadringentorum hominum veniens, qui ab urbe indignitate rei accensi comites ei se dederant, conspectus est, strictum etiam telum respersusque ipse cruore tota in se castra convertit. et togae multifariam in castris visae maioris aliquanto quam erat speciem urbanae multitudinis fecerant.

Quaerentibus, quid rei esset, flens diu vocem non misit; tandem, ut iam ex trepidatione concurrentium turba constitit ac silentium fuit, ordine cuncta, ut gesta erant, exposuit. supinas deinde tendens manus, commilitones appellans orabat, ne, quod scelus Ap. Claudi esset, sibi attribuerent neu se ut parricidam liberum aversarentur. sibi vitam filiae sua cariorem fuisse, si liberae ac pudicae vivere licitum fuisset; cum velut servam ad stuprum rapi videret, morte amitti melius ratum quam contumelia liberos, misericordia se in speciem crudelitatis lapsum; nec se superstitem filiae futurum fuisse, nisi spem ulciscendae mortis eius in auxilio commilitonum habuisset. illis quoque enim filias sorores coniugesque esse, nec cum filia sua libidinem Ap. Claudi exstinctam esse, sed quo impunitior sit, eo effrenatiorem fore. aliena calamitate documentum datum illis cavendae similis iniuriae. quod ad se attineat, uxorem sibi fato ereptam, filiam, quia non ultra pudica victura fuerit, miseram sed honestam mortem occubuisse; non esse iam Appi libidini locum in domo sua; ab alia violentia eius eodem se animo suum
138 corpus vindicaturum quo vindicaverit filiae;
139 ceteri sibi ac liberis suis consulerent.

dern. Aber Verginius entfacht dort mehr Unruhe als er in der Stadt hinterlassen hatte. Denn abgesehen davon, daß es auffällt, als er mit einem Aufgebot von fast vierhundert Leuten eintrifft, die sich ihm in der Stadt, aus Empörung über das Geschehene, angeschlossen hatten, zieht besonders die gezückte Waffe und er selber, von Blut beschmiert, die Aufmerksamkeit des ganzen Lagers auf sich. Daß man im Feldlager so viele Togen sah, gab den Anschein einer viel größeren Menge, als sie tatsächlich war, etwa wie in einer Stadt.

Als man ihn fragte, was geschehen sei, schluchzte er und sagte lange Zeit nichts; als dann die Leute aufhörten, hin und her zu laufen und Ruhe eintrat, erklärte er alles der Reihe nach. Indem er die Hände wie zum Gebet emporhob, rief er seine Kameraden an und bat sie, nicht ihm die von Appius verursachte Bluttat zuzuschreiben und sich nicht von ihm als einem Kindsmörder abzuwenden. Ihm sei das Leben seiner Tochter lieber gewesen als das eigene, aber nur in Freiheit und Sittsamkeit; als er aber sehen mußte, daß sie ihm als Sklavin und nur zur Schändung entrissen werden sollte, habe er es für besser gehalten, sein Kind durch den Tod zu verlieren als durch Entehrung; aus Erbarmen sei er scheinbar grausam geworden. Er wolle nicht länger leben als die Tochter, wenn er nicht, um ihren Tod zu rächen, auf die Hilfe seiner Kameraden hoffen könne. Auch sie hätten ja Töchter und Schwestern und Frauen zu Hause, und die lüsterne Gier des Appius habe mit dem Leben seiner Tochter nicht ihr Ende gefunden; im Gegenteil, je glimpflicher er davonkomme, desto zügelloser werde er sein. Durch das Unglück eines anderen hätten sie die Warnung bekommen, sich vor ähnlichem Unrecht in acht zu nehmen. Was ihn betreffe, so habe er seine Frau durch einen Schicksalschlag verloren; seine Tochter, die nicht als anständige Frau habe weiterleben dürfen, habe einen jammervollen, aber ehrenhaften Tod erlitten. Für die Willkür des Appius gebe es in seinem Hause keine Gelegenheit mehr; vor einer neuen Gewalttat dieses Mannes werde er sich selbst genauso schützen, wie er seine Tochter davor bewahrt habe; die anderen sollten nun selbst für sich und ihre Kinder Vorsorge treffen.

Haec Verginio vociferanti succlamabat multitudo nec illius dolori nec suae libertati se defuturos. et immixti turbae militum togati, eadem illa querendo docendoque, quanto visa quam audita indigniora potuerint videri, simul profligatam iam rem nuntiando Romae esse, insecutique qui Appium prope interemptum in exsilium abisse dicerent, perpulerunt, ut ad arma conclamaretur vellerentque signa et Romam proficiscerentur.

Decemviri simul iis, quae videbant, iisque, quae acta Romae audierant, perturbati, alius in aliam partem castrorum ad sedandos motus discurrunt. et leniter agentibus responsum non redditur; imperium si quis inhiberet, et viros et armatos se esse respondetur. eunt agmine ad urbem et Aventinum insidunt, ut quisque occurrerat plebem ad repetendam libertatem creandosque tribunos plebis adhortantes. alia vox nulla violenta audita est.

Senatum Sp. Oppius habet. Nihil placet aspere agi; quippe ab ipsis datum locum seditioni esse. mittuntur tres legati consulares, Sp. Tarpeius, C. Iulius, P. Sulpicius, qui quaererent senatus verbis, cuius iussu castra deseruissent aut quid sibi vellent, qui armati Aventinum obsedissent belloque averso ab hostibus patriam suam cepissent. non defuit, quod responderetur; deerat, qui daret responsum, nullodum certo duce nec satis audentibus singulis invidiae se offerre. id modo a multitudine conclamatum est, ut L. Valerium et M. Horatium ad se mitterent; his se daturos responsum.

140 III, 51.1 Dimissis legatis, admonet milites Ver-
141 ginius in re non maxima paulo ante tre-

Als Verginius so redete, erhielt er von der Menge Zurufe, sie würden weder seinen Schmerz noch ihre eigene Freiheit im Stich lassen. Unter die Soldatenschar mischten sich die Zivilisten; sie klagten genauso und erklärten, um wieviel schlimmer der Anblick sei, als wenn man es nur höre; in Rom habe sich die Sache schon durch die Meldung erledigt.

Dann kamen welche, die berichteten, Appius, fast totgeschlagen, sei in die Verbannung gegangen; sie machten damit so starken Eindruck, daß man nach den Waffen rief, die Feldzeichen schwenkte und sich aufmachte, um nach Rom zu kommen.

Verwirrt von dem, was jeder selbst sieht, und davon, was in Rom vorgegangen sein soll, rennt im Lager der eine Decemvir hierhin, der andere dorthin, um einen Aufstand zu unterdrükken. Obwohl sie verbindlich auftreten, erhalten sie keine Auskunft; wenn jemand diese Macht hindern wolle – sie seien Männer und hätten Waffen; so lautet ihre Antwort. In einem geordneten Zug marschieren sie nach Rom und lagern auf dem Aventin; dabei fordern sie das Volk auf – jeden, der gerade dazu kommt – die Freiheit zurückzuverlangen und Volkstribunen zu wählen. Sonst ist nichts Gewaltsames zu hören.

Spurius Oppius beruft eine Senatssitzung ein; hartes Vorgehen wird abgelehnt, da sie doch selbst Anlaß zu einem Aufruhr gegeben hätten. Drei frühere Konsuln, Spurius Tarpeius, Gaius Iulius und Publius Sulpicius, werden (zu den Soldaten) gesandt, im Namen des Senats zu fragen, auf wessen Befehl sie das Lager verlassen hätten oder was sie selber wollten, die bewaffnet den Aventin besetzt und die eigene Heimat erobert hätten, nachdem der Krieg mit Feinden abgewendet sei. Darauf gab es einiges zu antworten; es fehlte jedoch jemand, der die Antworten gab. Da sie noch keinen festen Führer hatten und sie als Einzelne nicht allzu viel wagten, gerieten sie ins Zanken untereinander. Es wird nur mehrfach gerufen, sie sollten Lucius Valerius und Marcus Horatius zu ihnen schicken; ihnen würden sie antworten.

Als die Gesandten fort sind, erklärt Verginius den Soldaten, daß sie in einer nicht besonders schwierigen Lage zu früh

pidatum esse, quia sine capite multitudo fuerit, responsumque, quamquam non inutiliter, fortuito tamen magis consensu quam communi consilio esse; placere decem creari qui summae rei praeessent militarique honore tribunos militum appellari. cum ad eum ipsum primum is honos deferretur, «melioribus meis vestrisque rebus reservate» inquit «ista de me iudicia. nec mihi filia inulta honorem ullum iucundum esse patitur, nec in perturbata re publica eos utile est praeesse vobis, qui proximi invidiae sint. si quis usus mei est, nihilo minor ex privato capietur.» ita decem numero tribunos militares creant.

FATALIS DVX

Veiorum occasus, fato urgente

V.19.1 Iam ludi Latinaeque instaurata erant, iam ex lacu Albano aqua emissa in agros, Veiosque fata adpetebant. igitur fatalis dux ad excidium illius urbis servandaeque patriae, M. Furius Camillus, dictator dictus magistrum equitum P. Cornelium Scipionem dixit. omnia repente mutaverat imperator mutatus; alia spes, alius animus hominum, fortuna quoque alia urbis videri.

Omnium primum in eos, qui a Veiis in illo pavore fugerant more militari animadvertit effecitque, ne hostis maxime timendus militi esset. deinde indicto dilectu in diem certam, ipse interim Veios ad confirmandos militum animos intercurrit; inde Romam ad scribendum novum exercitum redit, nullo detractante militiam. peregrina

Angst gehabt hätten, da die Menge ohne Führung sei; die erteilte Antwort sei zwar nicht unzweckmäßig, beruhe aber doch eher auf zufälliger Übereinstimmung als auf einem Gesamtplan. Sie sollten zehn Leute wählen, welche die Befehlsgewalt ausüben und nach ihrem militärischen Rang «Militärtribunen» heißen sollten.

Als ihm selber zuerst diese Ehre angetragen wird, sagt er: «Spart euch diese Entscheidung auf, bis es mir und euch besser geht! Weder läßt meine noch ungerächte Tochter es zu, daß irgend einer Ehrung mich erfreut, noch ist es bei einer Staatskrise günstig, daß euch diejenigen befehligen, Anfeindungen ausgesetzt sind. Wenn ich einen Dienst leisten kann, so kann er auch von mir privat in Anspruch genommen werden.» So wählen sie nun Militärtribunen.

EIN SCHICKSALHAFTER HEERFÜHRER

Vejis Untergang unter dem Druck des Schicksals

Schon hatten die Spiele und die latinische Feier begonnen, schon war das Wasser vom Albanersee auf die Felder geleitet worden und das Schicksal streckte die Hand nach Veji aus. Da wurde der schicksalhafte Heerführer, der jener Stadt den Untergang und seiner Heimat die Rettung bringen sollte, Marcus Furius Camillus, zum Diktator ernannt. Er bestimmte Publius Cornelius Scipio zum Reitergeneral. Die veränderte Führung hatte bald alles verändert; neue Hoffnung und neuer Mut würden, so schien es, auch neue Erfolge für die Stadt zeitigen.

Als erstes ging Camillus mit militärischer Härte gegen diejenigen vor, die in solcher Angst geflohen waren, und machte damit klar, daß ein Soldat nicht den Feind am meisten zu fürchten hat. Dann bestimmte er einen Tag für eine neue Aushebung, ging in der Zwischenzeit nach Veji, um den Soldaten dort Mut zu machen, und kehrte dann nach Rom zurück, um das neue Heer aufzustellen, wobei diesmal keiner

etiam iuventus, Latini Hernicique, operam suam pollicentes ad id bellum venere; quibus cum gratias in senatu egisset dictator, satis iam omnibus ad id bellum paratis, ludos magnos ex senatus consulto vovit Veiis captis se facturum aedemque Matutae Matris refectam dedicaturum, iam ante ab rege Ser. Tullio dedicatam.

Profectus cum exercitu ab urbe exspectatione hominum maiore quam spe, in agro primum Nepesino cum Faliscis et Capenatibus signa confert. omnia ibi summa ratione consilioque acta fortuna etiam, ut fit, secuta est. non proelio tantum fudit hostes, sed castris quoque exuit ingentique praeda est potitus; cuius pars maxima ad quaestorem redacta est, haud ita multum militi datum.

inde ad Veios exercitus ductus, densioraque castella facta, et a procursationibus quae multae temere inter murum ac vallum fiebant, edicto, ne quis iniussu pugnaret, ad opus milites traducti. operum fuit omnium longe maximum ac laboriosissimum cuniculus in arcem hostium agi coeptus. quod ne intermitteretur opus neu sub terra continuus labor eosdem conficeret, in partes sex munitorum numerum divisit; senae horae in orbem operi attributae sunt; nocte ac die nunquam ante omissum quam in arcem viam facerent.

20.1 Dictator cum iam in manibus videret victoriam esse, urbem opulentissimam capi, tantumque praedae fore quantum non omnibus in unum conlatis ante bellis fuisset, ne quam inde aut militum iram ex malignitate
144 praedae partitae aut invidiam apud patres ex
145 prodiga largitione caperet, litteras ad sena-

den Dienst verweigerte. Auch waffenfähige Männer von Fremden, nämlich von Latinern und Hernikern, sagten Hilfe zu und kamen zum Kriege. Als der Diktator ihnen im Senat gedankt hatte, gelobte er, da nun alles bestens für diesen Krieg vorbereitet sei, durch einen Senatsbeschluß große Spiele einzurichten, wenn Veji erobert werde, und den Tempel der Mater Matuta wiederherzustellen und neu einzuweihen (er war früher schon vom König Servius Tullius eingeweiht worden).

So machte er sich mit dem Heer von der Stadt auf, wobei jedermann feste Erwartungen, nicht nur Hoffnungen auf ihn setzte; im Gebiet von Nepet kam es erstmals zu einem Gefecht, und zwar mit den Einwohnern Falerii und Capena. Er handelte dort mit größter Vernunft und Überlegung, und so blieb natürlich der Erfolg nicht aus. Durch das Gefecht trieb er die Feinde nicht nur in die Flucht, sondern er nahm ihnen auch das Lager und bemächtigte sich einer riesigen Beute; einen großen Teil davon lieferte er dem Quaestor ab; einen wesentlich kleineren Teil gab er den einzelnen Soldaten. Dann führte er das Heer nach Veji und ließ die Befestigungen ausbauen. Was die kleineren Gefechte zwischen Stadtmauer und Belagerungswall betraf, die häufig, unüberlegt stattgefunden hatten, so verbot er den Soldaten, ohne Befehl zu kämpfen; die Soldaten wurden zur Schanzarbeit herangezogen. Von allen Arbeiten war die weitaus größte und anstrengenste, einen unterirdischen Gang bis in die feindliche Festung zu treiben. Damit die Arbeit unter dem Boden nie unterbrochen und damit nicht immer die gleichen Leute beansprucht würden, teilte er die Schaufelnden in sechs Gruppen ein; je sechs Stunden hatten die Gruppen zu arbeiten. Weder bei Tag noch bei Nacht gab man die Arbeit auf, bevor nicht der Weg in die Festung hergestellt wäre.

Als der Diktator den Sieg schon greifbar vor sich sah und daran dachte, daß eine sehr reiche Stadt eingenommen und daß sich so viel Beute ergeben werde wie bis jetzt in allen Kriegen zusammengenommen nicht, schrieb er an den Senat – einerseits wollte er verhindern, daß die Soldaten ihm wegen Knauserei bei der Beuteverteilung zürnten, andrerseits sich nicht wegen unbekümmerter Großzügigkeit die Mißgunst der Sena-

tum misit, deum immortalium benignitate suis consiliis patientia militum Veios iam fore in potestate populi Romani; quid de praeda faciendum censerent? duae senatum distinebant sententiae, senis P. Licini, quem primum dixisse a filio interrogatum ferunt, edici palam placere populo, ut qui particeps esse praedae vellet, in castra Veios iret, altera Ap. Claudi, qui largitionem novam prodigam inaequalem inconsultam arguens, si semel nefas ducerent captam ex hostibus in aerario exhausto bellis pecuniam esse, auctor erat stipendii ex ea pecunia militi numerandi, ut eo minus tributi plebes conferret; eius enim doni societatem sensuras aequaliter omnium domos, non avidas in direptiones manus otiosorum urbanorum praerepturas fortium bellatorum praemia esse, cum ita ferme eveniat, ut segnior sit praedator, ut quisque laboris periculique praecipuam petere partem soleat. Licinius contra suspectam et invisam semper eam pecuniam fore aiebat, causasque criminum ad plebem, seditionum inde ac legum novarum praebituram; satius igitur esse reconciliari eo dono plebis animos, exhaustis atque exinanitis tributo tot annorum succurri, et sentire praedae fructum ex eo bello in quo prope consenuerint. gratius id fore laetiusque, quod quisque sua manu ex hoste captum domum rettulerit quam si multiplex alterius arbitrio accipiat. ipsum dictatorem fugere invidiam ex eo criminaque; eo delegasse ad senatum; senatum quoque debere reiectam rem ad se permittere plebi ac pati habere, quod cuique fors belli dederit. haec
146 tutior visa sententia est, quae popularem
147 senatum faceret. edictum itaque est: ad

toren einhandeln –, daß durch die Gnade der unsterblichen Götter, mit dank seinem eigenen Plan und mit Hilfe der Ausdauer der Soldaten Veji schon bald der römischen Nation unterworfen sei; was sie wohl meinten, daß mit der Beute zu geschehen habe? Zwei Meinungen spalteten den Senat. Die eine war die des alten Publius Licinius, der auf Bitten seines Sohnes als erster gesprochen haben soll: Man solle dem Volke öffentlich verkünden, daß jeder, der einen Anteil an der Beute haben wolle, nur nach Veji ins Lager zu gehen brauche. Die andere Meinung vertrat Appius Claudius, indem er solche Großzügigkeit unüblich, unfein, ungerecht und unüberlegt nannte: auf einmal fänden sie es unrecht, dem Feinde Geld abzunehmen und es in die von den Kriegen erschöpfte Staatskasse zu legen. Er machte den Vorschlag, aus diesem Geld der Truppe den Sold zu bezahlen, um so das Volk von Steuern zu entlasten. Alle Familien würden die gemeinsame Teilhabe an diesem Geschenk empfinden; es werde nicht vorkommen, daß plünderungsgierige Hände gelangweilter Städter tapfere Krieger um ihren Lohn prellen, da es ja wohl so sei, daß einer um so weniger Beute erhasche, je mehr er seinen Teil an Mühsal und Gefahr suche. Licinius wandte dagegen ein, diese Verwendung des Geldes werde immer Verdacht und Neid erregen, ja sie werde dem Volk Anlaß zu Vorwürfen, Aufständen und neuen Gesetzen geben. Es sei also ratsamer, daß durch diese Gabe die Gemüter der Armen wieder begütigt und daß ihnen, die durch die jahrelangen Steuern ausgenommen und ausgelaugt seien, aufgeholfen werde; man solle denken, das sei der Beute-Gewinn aus dem Krieg, in dem sie fast Greise geworden seien. Es sei angenehmer und erfreulicher, wenn jeder dem Feinde eigenhändig etwas abnehme und dies nach Hause trage, als wenn er ein Mehrfaches davon durch anderer Leute Entscheidung erhielten. Sogar der Diktator scheue vor der Möglichkeit zurück, Neid und Eifersucht zu wecken; deswegen habe er die Angelegenheit dem Senat überantwortet. Da die Sache nun beim Senat liege, müsse er dem Volk zugestehen und dulden, daß jeder das besitzen dürfe, was ihm das Kriegsglück gebe. Diese Meinung schien tragfähiger zu sein, weil sie den Senat beim Volk beliebt machen werde. Es wurde also

praedam Veientem, quibus videretur, in castra ad dictatorem proficiscerentur.

21.1 Ingens profecta multitudo replevit castra. tum dictator auspicato egressus, cum edixisset, ut arma milites caperent, «Tuo ductu,» inquit, «Pythice Apollo, tuoque numine instinctus pergo ad delendam urbem Veios, tibique hinc decimam partem praedae voveo. te simul, Iuno regina, quae nunc Veios colis, precor, ut nos victores in nostram tuamque mox futuram urbem sequare, ubi te dignum amplitudine tua templum accipiat.» haec precatus, superante multitudine ab omnibus locis urbem adgreditur, quo minor ab cuniculo ingruentis periculi sensus esset. Veientes ignari se iam a suis vatibus, iam ab externis oraculis proditos, iam in partem praedae suae vocatos deos, alios votis ex urbe sua evocatos hostium templa novasque sedes spectare, seque ultimum illum diem agere, nihil minus timentes quam subrutis cuniculo moenibus arcem iam plenam hostium esse, in muros pro se quisque armati discurrunt, mirantes, quidnam id esset, quod cum tot per dies nemo se ab stationibus Romanus movisset, tum velut repentino icti furore improvidi currerent ad muros.

Inseritur huic loco fabula: inmolante rege Veientium vocem haruspicis, dicentis qui eius hostiae exta prosecuisset, ei victoriam dari, exauditam in cuniculo movisse Romanos milites, ut adaperto cuniculo exta raperent et ad dictatorem ferrent.

sed in rebus
tam antiquis, si quae similia veris sint, pro
148 veris accipiantur, satis habeam; haec ad
149 ostentationem scenae gaudentis miraculis

verfügt, daß jeder, der wolle, nach Veji ins Lager des Diktators gehen könne, um Beute zu machen.

Scharenweise zogen sie los und überfüllten das Lager. Nach der Vogelschau ließ der Diktator vor dem Wall antreten, befahl den Soldaten, die Waffen zu ergreifen und sprach: «Unter deiner Führung, Pythischer Apollo, und von deiner göttlichen Kraft getrieben, gehe ich, die Stadt Veji zu zerstören; dafür weihe ich dir den zehnten Teil der Beute. Und dich, Herrscherin Juno, die du jetzt Veji behütest, bitte ich, uns in unsere und bald auch deine Stadt, wenn wir siegreich sind, zu folgen, wo dich ein deiner Größe und Würde angemessener Tempel aufnehmen wird.» Nach diesem Gebet greift er mit überlegener Menschenmenge die Stadt von allen Seiten an, damit die Gefahr, die vom Stollen her einbrechen wird, nicht gleich bemerkt werde. Die Bewohner von Veji haben keine Ahnung, daß sie von ihren Propheten und von den auswärtigen Orakeln schon aufgegeben sind, daß ihre Götter schon als Teil der Beute betrachtet werden oder gar, feierlich zum Verlassen ihrer Stadt aufgerufen, nach dem Tempel der Feinde, ihrem neuen Wohnsitz, Ausschau halten, und daß ihr letzter Tag begonnen hat. Sie glauben alles andere, nur nicht, daß die Mauern von einem Stollen unterwühlt sind und daß die Festung schon voll von Feinden ist; sie laufen, jeder für sich, bewaffnet auf der Mauer umher und fragen sich, was denn los sei, daß nach dem in all den Tagen kein einziger Römer von seinem Posten weggegangen sei, jetzt auf einmal alle, wie von einer plötzlichen Wut getrieben, gegen die Mauern anstürmten.

An dieser Stelle wird folgende Begebenheit berichtet: Als der König von Veji ein Opfer darbrachte, habe man unten im Stollen gehört, wie der Eingeweidebeschauer sagte, daß demjenigen der Sieg zuteil werde, der die Eingeweide dieses Opfertieres abschneide; das habe die römischen Soldaten dazu gebracht, den Stollen zu öffnen, die Eingeweide schnell an sich zu nehmen und zum Diktator zu bringen. Aber bei so weit zurückliegenden Sachen genügt es mir, wenn das Wahrscheinliche für wahr genommen wird; diese Geschichte paßt eher in eine Gauklervorstellung, die ja von Merkwürdigkeiten lebt,

aptiora quam ad fidem neque adfirmare neque refellere est operae pretium.

Cuniculus delectis militibus eo tempore plenus, in aede Iunonis, quae in Veientana arce erat, armatos repente edidit, et pars aversos in muris invadunt hostes, pars claustra portarum revellunt, pars cum ex tectis saxa tegulaeque a mulieribus ac servitiis iacerentur, inferunt ignes. Clamor omnia variis terrentium ac paventium vocibus mixto mulierum ac puerorum ploratu complet. momento temporis deiectis ex muro undique armatis patefactisque portis cum alii agmine inruerent, alii desertos scanderent muros, urbs hostibus impletur; omnibus locis pugnatur; deinde multa iam edita caede senescit pugna, et dictator praecones edicere iubet, ut ab inermi abstineatur.

Is finis sanguinis fuit. dedi inde inermes coepti et ad praedam miles permissu dictatoris discurrit. quae cum ante oculos eius aliquantum spe atque opinione maior maiorisque pretii rerum ferretur, dicitur manus ad caelum tollens precatus esse, ut si cui deorum hominumque nimia sua fortuna populique Romani videretur, ut eam invidiam lenire quam minimo suo privato incommodo publicoque populi Romani liceret. convertentem se inter hanc venerationem traditur memoriae prolapsum cecidisse; idque omen pertinuisse postea eventu rem coniectantibus visum ad damnationem ipsius Camilli, captae deinde urbis Romanae, quod post paucos accidit annos, cladem. atque ille dies caede hostium ac direptione
150 urbis opulentissimae est consumptus.

151 22.1 Postero die libera corpora dictator sub

als daß sie Vertrauen beanspruchen kann, und es lohnt sich nicht, sie zu bestätigen oder zu widerlegen.

Zu diesem Zeitpunkt ist der unterirdische Gang voll von ausgewählten Soldaten und entläßt im Tempel der Juno, der innerhalb der Festung von Veji war, plötzlich eine Schar von Bewaffneten. Einige gehen auf die Feinde los, die ihnen, auf der Mauer stehend, den Rücken zugewandt haben, andere schieben die Riegel der Stadttore zurück, wieder andere, da Frauen und Hausbedienstete Steine und Ziegel von den Dächern werfen, stecken Häuser in Brand. Geschrei erfüllt die Luft: verschiedenste Stimmen von Angst Machenden und Ängstlichen, dazu das Weinen von Frauen und Kindern. In kürzester Zeit werden überall die Bewaffneten von der Mauer geworfen; und nachdem die Tore offen sind und ein Teil in geschlossener Formation eindringt, ein anderer Teil die leeren Mauern besteigt, ist die ganze Stadt voll von Feinden; an allen Plätzen tobt der Kampf; schließlich wird es nach einem großen Gemetzel etwas ruhiger, und der Diktator läßt durch Herolde befehlen, man solle Leute ohne Waffen unbehelligt lassen.

So hat das Blutvergießen ein Ende; die Unbewaffneten beginnen, sich zu ergeben; die Soldaten laufen dahin und dorthin, um mit der Erlaubnis des Diktators Beute zu machen. Als man aber vor seinen Augen bedeutend mehr und Wertvolleres aufhäuft als er gehofft oder erwartet hatte, soll er, die Hände zum Himmel erhoben, gebetet haben, falls einem Gotte oder Menschen sein Glück und das der römischen Nation zu groß erscheine, möchte er seinen Neid mit einem für ihn als Privatmann und für den römischen Staat möglichst geringen Ungemach austoben.

Als er sich während dieses Gebetes umwandte, so wird berichtet, glitt er aus und fiel. Dieses Vorzeichen schien sich denen, die später vom Ausgang der Geschichte auf den Anfang schlossen, auf die Verbannung des Camillus zu beziehen, auch auf das Unglück der Eroberung Roms, einige Jahre später. Dieser Tag verging noch mit dem Töten von Feinden und mit der Plünderung der überaus reichen Stadt.

Am nächsten Tag ließ der Diktator die Freien, die noch übrig

corona vendidit. ea sola pecunia in publicum redigitur, haud sine ira plebis; et quod rettulere secum praedae, nec duci, qui ad senatum malignitatis auctores quaerendo rem arbitrii sui reiecisset, nec senatui, sed Liciniae familiae, ex qua filius ad senatum rettulisset, pater tam popularis sententiae auctor fuisset, acceptum referebant.

Cum iam humanae opes egestae a Veiis essent, amoliri tum deum dona ipsosque deos, sed colentium magis quam rapientium modo, coepere. namque delecti ex omni exercitu iuvenes, pure lautis corporibus, candida veste, quibus deportanda Romam regina Iuno adsignata erat, venerabundi templum iniere, primo religiose admoventes manus, quod id signum more Etrusco, nisi certae gentis sacerdos, attractare non esset solitus. dein cum quidam, seu spiritu divino tactus seu iuvenali ioco, «visne Romam ire, Iuno?» dixisset, adnuisse ceteri deam conclamaverunt. inde fabulae adiectum est vocem quoque dicentis velle auditam; motam certe sede sua parvi molimenti adminiculis, sequentis modo accepimus levem ac facilem tralatu fuisse, integramque in Aventinum aeternam sedem suam, quo vota Romani dictatoris vocaverant perlatam, ubi templum ei postea idem, qui voverat, Camillus dedicavit.

Hic Veiorum occasus fuit, urbis opulentissimae Etrusci nominis, magnitudinem suam vel ultima clade indicantis, quod decem aestates hiemesque continuas circumsessa cum plus aliquanto cladium intulisset quam
152 accepisset, postremo iam fato quoque urgen-
153 te, operibus tamen, no vi expugnata est.

waren, als Sklaven verkaufen. Nur dieses Geld wurde der öffentlichen Hand zugewiesen, nicht ohne Unwillen beim Volk. Daß ein jeder Beute mit nach Hause brachte, rechnete man weder dem Feldherrn an – er hatte die Entscheidung, die ihm allein zustand, dem Senat übertragen, in der Annahme, dort gebe es Anstifter zum Zwist –, noch dem Senat, sondern der Familie der Licinier; denn ein Sohn dieses Hauses hatte ja die Sache im Senat zur Sprache gebracht, der Vater dann den so volksfreundlichen Vorschlag vorgetragen.

Nachdem nun alle irdischen Güter aus Veji herausgeschafft waren, begann man, die Weihegeschenke und auch die Götter selbst zu entfernen, aber eher mit Ehrfurcht als auf räuberische Art. Aus dem ganzen Heer wählte man junge Männer aus; sie mußten sich sorgfältig waschen und ein weißes Gewand anziehen; dann wurde ihnen aufgetragen, die Herrscherin Juno nach Rom zu bringen. Voll heiliger Scheu betraten sie den Tempel und faßten das Götterbild mit Ehrfurcht an, da es nach etruskischer Sitte außer von einem Priester mit bestimmter Abstammung nicht berührt werden durfte. Als dann einer, sei es aus einer frommen Eingebung heraus oder aus jugendlichem Leichtsinn, fragte: «Willst du nach Rom kommen, Juno?», riefen die andern, die Göttin habe genickt. Hier hat man noch des weiteren dazu erfunden, es sei gehört worden, wie sie «Ja, ich will» gesagt habe. Jedenfalls wurde Juno mit wenig Aufwand von ihrem Platz weggenommen; sie sei dann, sozusagen folgsam – so heißt es – unschwer und mühelos zu verfrachten gewesen. Unbeschädigt wurde sie auf den Aventin gebracht, an den nunmehr ewigen Platz, an den das Gelübde eines römischen Diktators sie gerufen hatte. Dort weihte später Camillus, wie er gelobt hatte, ihren Tempel ein.

Das also war der Untergang von Veji, der reichsten Stadt etruskischen Namens, die ihre Größe noch in der letzten Not zeigte; denn zehn Sommer und Winter hintereinander war sie belagert worden und hatte dennoch mehr Niederlagen dem Gegner zugefügt als selber erhalten, um schließlich unter dem Druck des Schicksals und durch Belagerungstechnik, nicht mit kämpferischer Kraft erobert zu werden.

23.1 Romam ut nuntiatum est Veios captos, quamquam et prodigia procurata fuerant et vatum responsa et Pythicae sortes notae, et quantum humanis adiuvari consiliis potuerat res ducem M. Furium, maximum imperatorum omnium, legerant, tamen quia tot annis varie ibi bellatum erat multaeque clades acceptae, velut ex insperato immensum gaudium fuit, et priusquam senatus decerneret plena omnia templa Romanarum matrum grates dis agentium erant. senatus in quadriduum, quot dierum nullo ante bello, supplicationes decernit.

adventus quoque dictatoris omnibus ordinibus obviam effusis celebratior quam ullius unquam antea fuit, triumphusque omnem consuetum honorandi diei illius modum aliquantum excessit. maxime conspectus ipse est, curru equis albis iuncto urbem invectus, parumque id non civile modo, sed humanum etiam visum. Iovis Solisque equis aequiperatum dictatorem in religionem etiam trahebant, triumphusque ob eam unam maxime rem clarior quam gratior fuit. tum Iunoni reginae templum in Aventino locavit, dedicavitque Matutae Matris; atque his divinis humanisque rebus gestis dictatura se abdicavit.

Conditor alter urbis

V. 46 Romae interim plerumque obsidio segnis et utrimque silentium esse, ad id tantum intentis Gallis, ne quis hostium evadere inter stationes posset, cum repente iuvenis Romanus admiratione in se cives hostesque convertit. Sacrificium erat statum in Quiri-

Obwohl die ungünstigen Vorzeichen durch Sühnehandlungen entkräftet und die Antworten der Propheten und der Orakelspruch aus Delphi bekannt waren, und obwohl man – soweit menschliches Planen den Gang der Dinge überhaupt beeinflussen kann – den besten aller Befehlshaber, Marcus Furius Camillus, zum Feldherrn gewählt hatte, so war doch die Freude, als die Meldung von der Eroberung Vejis in Rom eintraf, so gewaltig, wie wenn das eine Überraschung gewesen wäre; der Krieg war jahrelang mit wechselndem Erfolg geführt worden, und die Römer hatten viele Niederlagen hinnehmen müssen, und noch bevor der Senat einen Beschluß gefaßt hatte, waren alle Tempel voll von römischen Frauen, die den Göttern Dank abstatteten. Der Senat setzte ein Dankfest von vier Tagen an, eine Dauer wie bisher noch nach keinem Krieg. Auch die Ankunft des Diktators wurde mehr gefeiert als je zuvor, kamen ihm doch Angehörige aller Stände scharenweise entgegen, und sein Triumphzug übertraf bei weitem die bisher gewohnte Art und Weise, diesen Tag zu ehren. Am eindruckvollsten war er selber, wie er auf einem von (vier) Schimmeln gezogenen Wagen in die Stadt einfuhr; das Ganze schien nicht nur über das Übliche, sondern auch über das einem Menschen Zustehende hinauszugehen. Mit diesem Gespann, dem Jupiter und dem Sonnengott gleichgestellt, rückte der Diktator ins Übermenschliche, und gerade deswegen war der Triumphzug zwar prunkvoll, aber wenig beliebt. Danach ließ Camillus auf dem Aventin einen Tempel für die Herrscherin Juno erstellen und weihte auch der Mater Matuta ein Heiligtum. Nachdem diese göttlichen und menschlichen Dinge erledigt waren, legte er das Diktatorenamt nieder.

Der zweite Gründer der Stadt

Inzwischen war bei der Belagerung Roms nicht viel los, auf beiden Seiten war es ruhig; die Gallier waren nur damit beschäftigt aufzupassen, daß kein Feind zwischen den Wachtposten durchschlüpfen könne, als unvermutet ein junger Römer das Erstaunen seiner Mitbürger und der Feinde auf sich zog. Die Fabier besaßen auf dem Quirinalshügel ein Familien-

nali colle genti Fabiae. ad id faciendum C. Fabius Dorsuo Gabino cinctu sacra manibus gerens cum de Capitolio descendisset, per medias hostium stationes egressus nihil ad vocem cuiusquam terroremve motus in Quirinalem collem pervenit; ibique omnibus sollemniter peractis, eadem revertens similiter constanti voltu graduque, satis sperans propitios esse deos, quorum cultum ne mortis quidem metu prohibitus deseruisset, in Capitolium ad suos rediit, seu attonitis Gallis miraculo audaciae seu religione etiam motis, cuius haudquaquam neglegens gens est.

Veiis interim non animi tantum in dies, sed numerus etiam viresque crescebant. nec Romanis solum eo convenientibus ex agris, qui aut proelio adverso aut clade captae urbis palati fuerant, sed etiam ex Latio voluntariis confluentibus, ut in parte praedae essent, maturum iam videbatur repeti patriam eripique ex hostium manibus; sed corpori valido caput deerat.

locus ipse admonebat Camilli, et magna pars militum erat, qui ductu auspicioque eius res prospere gesserant; et Caedicius negare se commissurum, cur sibi aut deorum aut hominum quisquam imperium finiret potius quam ipse memor ordinis sui posceret imperatorem. consensu omnium placuit ab Ardea Camillum acciri, sed antea consulto senatu qui Romae esset; adeo regebat omnia pudor discriminaque rerum prope perditis rebus servabant. ingenti periculo transeundum per hostium custodias erat. ad
156 eam rem Pontius Cominius impiger iuvenis
157 operam pollicitus, incubans cortici secundo

heiligtum. Zu einer heiligen Verrichtung stieg Gaius Fabius Dorsuo, die Toga nach Gabinerart geschürzt, die heiligen Geräte in den Händen, vom Kapitol herab, schritt mitten durch die Wachtposten der Feinde, ließ sich von niemandem weder durch Rufe noch durch Drohungen stören und gelangte auf den Quirinal; nachdem er dort alles wie es sich gehört ausgeführt hatte, kehrte er auf demselben Weg ebenso unbeirrt in Blick und Schritt aufs Kapitol zu den Seinen zurück, in der festen Hoffnung, daß die Götter ihm beistünden, von deren Verehrung ihn nicht einmal die Todesfurcht hatte abschrecken können; die Gallier waren entweder über die erstaunliche Kühnheit verblüfft oder ebenfalls von heiliger Scheu ergriffen, wovon dieses Volk ja keineswegs unberührt ist.

In Veji wuchs inzwischen nicht nur das Selbstbewußtsein (der Römer) von Tag zu Tag, auch die Bevölkerungszahl und die Kräfte wuchsen. Sowohl den Römern, die aus der ländlichen Umgebung in die Stadt kamen, nachdem sie durch die verlorene Schlacht oder durch die Einschließung Roms versprengt worden waren, als auch den Freiwilligen, die von Latium her zusammenströmten, um an einer Beute teilzuhaben, schien es an der Zeit, wieder nach der Heimatstadt hin zu marschieren und sie den Händen der Feinde zu entreißen; doch dem starken Körper fehlte der Kopf. Die örtlichen Gegebenheiten sprachen für Camillus, und es gab noch viele Soldaten, die damals unter seinem Oberbefehl erfolgreich gekämpft hatten; Caedicius sagte, er werde es nicht so weit kommen lassen, daß irgendeiner der Götter oder Menschen Grund habe, seiner hohen Stellung ein Ende zu setzen; vielmehr werde er selber, seines Ranges bewußt, nach einem Oberbefehlshaber verlangen. Alle waren sich einig, den Camillus von Ardea her holen zu lassen, doch müsse vorher der Senat befragt werden, der ja in Rom sei. So sehr herrschte noch Rücksicht und achtete man die Zuständigkeiten, obwohl die Verhältnisse recht zerrüttet waren. Nur unter größter Gefahr konnte man hinübergelangen: mitten durch die Wachtposten der Feinde. Zu dieser Aufgabe erklärte sich ein mutiger junger Mann, Pontius Cominius, bereit. Indem er sich auf ein Stück Rinde legte, gelangte er mit der Strömung des Tiber zur Stadt Rom. Als er dem Ufer

Tiberi ad urbem defertur. inde qua proximum fuit a ripa, per praeruptum eoque neglectum hostium custodia saxum, in Capitolium evadit, et ad magistratus ductus mandata exercitus edit. accepto inde senatus consulto, ut comitiis curiatis revocatus de exsilio iussu populi Camillus dictator extemplo diceretur militesque haberent imperatorem quem vellent, eadem degressus nuntius Veios contendit; missique Ardeam legati ad Camillum Veios eum perduxere, seu, quod magis credere libet, non prius profectum ab Ardea quam compererit legem latam, quod nec iniussu populi mutari finibus posset nec nisi dictator dictus auspicia in exercitu habere. lex curiata lata est dictatorque absens dictus.

47.1 Dum haec Veiis agebantur, interim arx Romae Capitoliumque in ingenti periculo fuit. namque Galli, seu vestigio notato humano, qua nuntius a Veiis pervenerat, seu sua sponte animadverso ad Carmentis saxo adscensu aequo, nocte sublustri cum primo inermem, qui temptaret viam, praemisissent, tradentes inde arma ubi quid iniqui esset, alterni innixi sublevantesque in vicem et trahentes alii alios, prout postularet locus, tanto silentio in summum evasere ut non custodes solum fallerent, sed ne canes quidem, sollicitum animal ad nocturnos strepitus, excitarent. anseres non fefellere, quibus sacris Iunonis in summa inopia cibi tamen abstinebatur. quae res saluti fuit; namque clangore eorum alarumque crepitu excitus M. Manlius, qui triennio ante consul fuerat, vir bello egregius, armis arreptis simul ad arma ceteros ciens vadit et dum ceteri trepidant, Gallum qui iam in sum-

ganz nahe war, stieg er über einen vorspringenden und darum von den Feinden nicht bewachten Felsen zum Kapitol hinauf und brachte die Botschaft des Heeres vor die Behörden. Nachdem er vom Senatsbeschluß Bescheid erhalten hatte, daß Camillus in der Kurienversammlung aus der Verbannung zurückberufen und nach dem Volkswillen zum Diktator ernannt werde und daß die Soldaten somit den gewünschten Oberbefehlshaber hätten, ging er auf demselben Weg wieder hinaus und eilte mit der Nachricht nach Veji. Boten wurden nach Ardea zu Camillus geschickt und brachten ihn nach Veji, oder – was ich eher glauben möchte – er ging nicht eher von Ardea weg als bis er erfuhr, daß das Gesetz wirklich angenommen war; er hätte nämlich weder ohne Bestätigung durch das Volk das Gebiet verlassen noch, ohne zum Diktator ernannt zu sein, beim Heer Auspizien vornehmen können. Das Gesetz wurde in der Kurienversammlung angenommen, und er wurde in Abwesenheit zum Diktator ernannt.

Während dieser Ereignisse in Veji geriet inzwischen der Burgberg von Rom in äußerste Gefahr. Die Gallier nämlich, entweder durch die Fußspur eines Menschen aufmerksam gemacht, dort wo der Bote von Veji her durchgegangen war, oder weil sie selber den zum Klettern geeigneten Felsen beim Heiligtum der Carmentis bemerkt hatten, kletterten bei fahlem Nachtlicht nach oben, nachdem sie einen Unbewaffneten zur Erkundung des Weges vorausgeschickt hatten. Wo es schwierig wurde, gaben sie sich die Waffen, stützten einander, halfen sich gegenseitig und zogen sich wechselweise, je nachdem die Stelle es erforderte. Sie gelangten schließlich in aller Stille ganz nach oben, so daß sie sogar die Wachen täuschten, ja nicht einmal die Hunde aufschreckten, Tiere, die doch besonders bei Nachtlärm unruhig werden. Die Gänse aber, die man trotz der großen Hungersnot verschont hatte, da sie der Iuno geweiht waren, überlisteten sie nicht. Und das brachte die Rettung. Durch ihr Schnattern nämlich und durch ihr Flügelschlagen wachte Marcus Manlius auf; der war vor drei Jahren Konsul gewesen und ein sehr kriegserfahrener Mann; er ergriff seine Waffen, weckte sogleich die anderen, und, während die übrigen noch unschlüssig waren, stieß er den Gallier, der gerade oben

mo constiterat umbone ictum deturbat. cuius casus prolapsi cum proximos sterneret, trepidantes alios armisque omissis saxa, quibus adhaerebant manibus amplexos trucidat. iamque et alii congregati telis missilibusque saxis proturbare hostes, ruinaque tota prolapsa acies in praeceps deferri. sedato deinde tumultu reliquum noctis, quantum in turbatis mentibus poterat, cum praeteritum quoque periculum sollicitaret, quieti datum est. luce orta vocatis classico ad concilium militibus ad tribunos, cum et recte et perperam facto pretium deberetur, Manlius primum ob virtutem laudatus donatusque non ab tribunis solum militum, sed consensu etiam militari; cui universi selibras farris et quartarios vini ad aedes eius, quae in arce erant, contulerunt – rem dictu parvam, ceterum inopia fecerat eam argumentum ingens caritatis, cum se quisque victu suo fraudans detractum corpori atque usibus necessariis ad honorem unius viri conferret.

Tum vigiles eius loci, qua fefellerat adscendens hostis, citati; et cum in omnes more militari se animadversurum Q. Sulpicius tribunus militum pronuntiasset, consentiente clamore militum in unum vigilem conicientium culpam deterritus, a ceteris abstinuit, reum haud dubium eius noxae adprobantibus cunctis de saxo deiecit. Inde intentiores utrimque custodiae esse, et apud Gallos, quia volgatum erat inter Veios Romamque nuntios commeare, et apud Romanos ab nocturni periculi memoria.

48.1 Sed ante omnia obsidionis bellique mala
160 fames utrimque exercitum urgebat, Gallos
161 pestilentia etiam, cum loco iacente inter

angelangt war und vor ihm stand, mit dem Schildbuckel in die Tiefe. Dessen Sturz riß die nächsten mit; andere, die verwirrt waren, ihre Waffen fallen ließen und mit den Händen den Felsen umklammerten, tötete Manlius. Nun waren auch seine Kameraden da und vertrieben die Feinde mit Wurfgeschossen und Schleudersteinen; der Kampfverband brach vollständig zusammen und stürzte in den Abgrund. Als der Lärm sich gelegt hatte, begab man sich für den Rest der Nacht zur Ruhe, soweit man es bei der Aufregung konnte, da man sich immer noch über die Gefahr ereiferte, obwohl sie vorüber war. Am frühen Morgen versammelten sich die Soldaten auf das Signal hin bei den Tribunen, da nun beurteilt wurde, was richtig oder falsch gemacht worden war. Zuallererst wurde Manlius wegen seines mutigen Verhaltens gelobt und beschenkt, nicht nur auf Antrag der Tribunen, sondern mit der Zustimmung aller Soldaten;

jeder brachte ihm ein halbes Pfund Brot und ein Viertelmaß Wein in sein Haus, das sich auf dem Burgberg befand. Wenn man das so sagt, hört es sich nach wenig an, doch die Notlage machte es zum großartigen Zeichen der Verehrung, da sich jeder von der eigenen Nahrung etwas absparte und das dem nötigsten Lebensunterhalt Entzogene zur Ehrung des einen Mannes hingab.

Danach rief man die Bewacher dieser Stelle, die der emporklimmende Feind übertölpelt hatte; als nun der Tribun Quintus Sulpicius verkünden ließ, daß er mit militärischer Strenge gegen alle verfahren werde, wurde er davon abgehalten, da die Soldaten mit einhelligem Rufen die Schuld einem einzigen Wachmann gaben. Er ließ die anderen in Ruhe, den Beschuldigten aber stieß er vom Felsen hinunter, da alle mit großer Sicherheit sein Vergehen bestätigten. Von da an waren die Wachen auf beiden Seiten aufmerksamer, die Gallier, weil sie gemerkt hatten, daß zwischen Veji und Rom Boten hin und her gingen, die Römer in Erinnerung an die nächtliche Gefahr.

Aber noch mehr als alle Beschwernisse der Belagerung und des Krieges machte der Hunger den beiden Heeren zu schaffen, den Galliern zudem eine Seuche, einerseits, weil der Platz, an

tumulos castra habentes, tum ab incendiis torrido et vaporis pleno cineremque, non pulverem modo ferente, cum quid venti motum esset. quorum intolerantissima gens umorique ac frigori adsueta cum aestu et angore vexati volgatis velut in pecua morbis morerentur, iam pigritia singulos sepeliendi promisce acervatos cumulos hominum urebant, bustorumque inde Gallicorum nomine insignem locum fecere. indutiae deinde cum Romanis factae et conloquia permissu imperatorum habita; in quibus cum identidem Galli famem obicerent eaque necessitate ad deditionem vocarent, dicitur avertendae eius opinionis causa multis locis panis de Capitolio iactatus esse in hostium stationes. sed iam neque dissimulari neque ferri ultra fames poterat.

Itaque dum dictator dilectum per se Ardeae habet, magistrum equitum L. Valerium a Veiis adducere exercitum iubet, parat instruitque, quibus haud impar adoriatur hostes, interim Capitolinus exercitus, stationibus vigiliisque fessus, superatis tamen humanis omnibus malis, cum famem unam natura vinci non sineret, diem de die prospectans, ecquod auxilium ab dictatore appareret, postremo spe quoque iam non solum cibo deficiente et cum stationes procederent prope obruentibus infirmum corpus armis, vel dedi vel redimi se quacumque pactione possent iussit, iactantibus non obscure Gallis haud magna mercede se adduci posse, ut obsidionem relinquant. tum senatus habitus tribunisque militum negotium datum, ut paciscerentur. Inde inter
162 Q. Sulpicium tribunum militum et Bren-
163 num regulum Gallorum conloquio trans-

dem sie ihr Lager aufgeschlagen hatten, zwischen Gräbern lag, andererseits, weil er von den Feuerstellen ausgedörrt und voll Qualm war und Asche, nicht nur Staub, aufwirbelte, sobald sich ein wenig Wind erhob. Dieses Volk war ganz und gar außerstande, derlei zu ertragen, da es nur an Feuchtigkeit und Kälte gewohnt war. Da sie also, von Gluthitze und Angst gepeinigt, an schnell sich ausbreitenden Krankheiten starben wie die Tiere, wollten sie nicht mehr jeden einzelnen begraben; sie verbrannten jeweils die wahllos aufeinander gehäuften Toten und machten so den Platz unter dem Namen «Gallische Leichenbrandstätte» bekannt. Danach schlossen sie einen Waffenstillstand mit den Römern, und mit Billigung beider Befehlshaber wurde verhandelt; als die Gallier immerzu auf den Hunger aufmerksam machten und mit Hinweis auf diese Notlage zur Übergabe aufriefen, warf man an vielen Stellen vom Kapitol herab Brot in die Stellungen der Feinde, um sie von dieser Meinung abzubringen. Doch war der Hunger weder zu verheimlichen noch länger zu ertragen.

Während nun der Diktator persönlich in Ardea Aushebungen durchführte, befiehlt er seinem Reitergeneral Lucius Valerius, das Heer von Veji heranzuführen; er stellt Soldaten bereit und bildet sie aus, mit denen Lucius Valerius den Feind angreifen kann, ohne unterlegen zu sein. Die Truppen auf dem Kapitol – inzwischen vom ständigen Wachdienst ermüdet, nachdem sie alles Ungemach ausgehalten hatten, das Menschen widerfahren kann, außer einem, dem Hunger, der sich von Natur aus nicht bezwingen läßt – hielten Tag für Tag Ausschau, ob nicht Hilfe vom Diktator komme; als schließlich nicht nur die Nahrung, sondern auch die Hoffnung schwand und den Wachposten, wenn sie aufzogen, die Rüstung den geschwächten Körper fast zusammendrückte, da beschlossen sie, sich unter jedweder Bedingung zu ergeben oder loszukaufen, wobei die Gallier deutlich zu verstehen gaben, daß sie durch einen nicht hohen Preis dazu gebracht werden könnten, die Belagerung aufzugeben. Da berieten sich die Senatoren und beauftragten die Tribunen zu verhandeln. So wurde die Sache in einer Unterredung zwischen dem Tribunen Quintus Sulpicius und dem Gallierfürsten Brennus ausgemacht, und tausend

acta res est, et mille pondo auri pretium populi gentibus mox imperaturi factum. rei foedissimae per se adiecta indignitas est: pondera ab Gallis allata iniqua et tribuno recusante additus ab insolente Gallo ponderi gladius, auditaque intoleranda Romanis vox: vae victis!

49.1 Sed dique et homines prohibuere redemptos vivere Romanos. nam forte quadam priusquam infanda merces perficeretur, per altercationem nondum omni auro adpenso, dictator intervenit, auferrique aurum de medio et Gallos submoveri iubet. cum illi renitentes pactos dicerent sese, negat eam pactionem ratam esse, quae postquam ipse dictator creatus esset iniussu suo ab inferioris iuris magistratu facta esset, denuntiatque Gallis, ut se ad proelium expediant.

suos in acervum conicere sarcinas et arma aptare ferroque non auro reciperare patriam iubet, in conspectu habentes fana deum et coniuges et liberos et solum patriae deforme belli malis et omnia, quae defendi repetique et ulcisci fas sit. instruit deinde aciem, ut loci natura patiebatur, in semirutae solo urbis et natura inaequali, et omnia, quae arte belli secunda suis eligi praepararive poterant, providit. Galli nova re trepidi arma capiunt iraque magis quam consilio in Romanos incurrunt. iam verterat fortuna, iam deorum opes humanaque consilia rem Romanam adiuvabant. igitur primo concursu haud maiore momento fusi Galli sunt quam ad Alliam vicerant.

164 Iustiore altero deinde proelio ad octavum
165 lapidem Gabina via, quo se ex fuga contule-

Pfund Gold war der Preis für ein Volk, das bald über andere Völker herrschen sollte. Zu dieser an sich schon schmählichen Tatsache kam noch eine Beleidigung: Die Gewichte, die die Gallier brachten, waren falsch, und als der Tribun sie zurückwies, warf ein unverschämter Gallier sein Schwert in die Waagschale, und man hörte ein für römische Ohren unerträgliches Wort: «Wehe den Besiegten!».

Aber Götter und Menschen verhinderten, daß die Römer als Freigekaufte zu leben hätten. Denn durch einen Zufall, noch bevor der unselige Kaufpreis ausbezahlt war, da wegen der Meinungsverschiedenheiten noch nicht alles Gold abgewogen war, erscheint der Diktator und befiehlt, das Gold wegzuschaffen und hieß die Gallier, sich zu entfernen. Als sie nun hartnäckig darauf hinweisen, alles sei vereinbart, sagt er, die Vereinbarung sei ungültig, da sie nach seiner Wahl zum Diktator ohne seine Genehmigung und nur von Beamten mit geringer Kompetenz zustandegekommen sei. Dann kündigt er den Galliern an, sie sollen sich zum Kampfe rüsten. Seine Soldaten läßt er das Gepäck an einem Orte aufhäufen und die Rüstungen anlegen, und sagt, die Heimat müsse man mit dem Schwert, nicht mit Gold zurückerlangen, sie sollten die geweihten Örtlichkeiten, ihre Frauen, ihre Kinder vor Augen haben, auch den von Greueln des Krieges entstellten Boden der Heimat und alles andere, was zu verteidigen, wiederzugewinnen oder zu rächen ihre heilige Pflicht sei. Er läßt das Heer, soweit es die Beschaffenheit des Ortes erlaubt, auf dem von Natur aus unebenen Boden in der halb eingestürzten Stadt in Schlachtordnung antreten und kümmert sich um alles, was nach Kenntnissen der Kriegsführung geplant und vorbereitet werden kann. Durch die neue Lage in Aufregung versetzt, greifen die Gallier nach den Waffen und stürmen, mehr in Wut als mit Überlegung, gegen die Römer. Und schon hatte sich das Kriegsglück gewendet, schon unterstützen göttliche Mächte und menschliches Planen die römische Seite. So wurden die Gallier gleich im ersten Ansturm etwa ebenso schnell in die Flucht geschlagen, wie sie an der Allia gesiegt hatten.

In einem zweiten, ausgeglicheneren Gefecht, wieder unter der Führung und nach dem Plan des Camillus werden die

rant, eiusdem ductu auspicioque Camilli vincuntur. ibi caedes omnia obtinuit; castra capiuntur et ne nuntius quidem cladis relictus. dictator reciperata ex hostibus patria triumphans in urbem redit, interque iocos militares, quos inconditos iaciunt, Romulus ac parens patriae conditorque alter urbis haud vanis laudibus appellabatur.

Servatam deinde bello patriam iterum in pace haud dubie servavit, cum prohibuit migrari Veios, et tribunis rem intentius agentibus post incensam urbem et per se inclinata magis plebe ad id consilium; eaque causa fuit non abdicandae post triumphum dictaturae, senatu obsecrante, ne rem publicam in incerto relinqueret statu.

50.1 Omnium primum, ut erat diligentissimus religionum cultor, quae ad deos immortales pertinebant rettulit et senatus consultum facit; fana omnia, quod ea hostis possedisset, restituerentur terminarentur expiarenturque, expiatioque eorum in libris per duumviros quaereretur; cum Caeretibus hospitium publice fieret, quod sacra populi Romani ac sacerdotes recepissent beneficioque eius populi non intermissus honos deum immortalium esset; ludi Capitolini fierent, quod Iuppiter Optimus Maximus suam sedem atque arcem populi Romani in re trepida tutatus esset; collegiumque ad eam rem M. Furius dictator constitueret ex iis, qui in Capitolio atque arce habitarent. expiandae etiam vocis nocturnae, quae nuntia cladis ante bellum Gallicum
166 audita neglectaque esset mentio inlata,
167 iussumque templum in Nova via Aio Lo-

Gallier dann an der Via Gabinia geschlagen, beim achten Meilenstein, wo sie sich nach der Flucht gesammelt hatten. Es gab ein allgemeines Gemetzel, das Lager wird eingenommen, nicht einmal ein Bote der Niederlage bleibt übrig. Der Diktator, der die Heimat der Feindeshand entrissen hat, zieht im Triumph in der Stadt ein; bei den Scherzliedern, welche die Soldaten aus dem Stegreif vortragen, wird er als Romulus und Vater des Vaterlandes, als zweiter Gründer der Stadt angesprochen – ohne leere Lobrednerei.

Nachdem nun die Heimat durch einen Krieg gerettet war, hatte Camillus sie zweifelsohne nochmals im Frieden gerettet, indem er die Auswanderung nach Veji verhinderte, während die Tribunen dies nach dem Brand der Stadt recht lebhaft betrieben und auch das Volk selber eher diesem Plan zuneigte. Dies war der Grund, die Diktatur nach dem Triumph nicht niederzulegen, zumal der Senat ihn beschwor, den Staat doch nicht in ungesichertem Zustand zurückzulassen.

Zuallererst, da er den Dienst an den Göttern sehr ernst nahm, brachte er all das zur Sprache, was die unsterblichen Götter betraf, und läßt den Senat dazu einen Beschluß fassen: Sämtliche Heiligtümer sollten wiederhergestellt, neu abgegrenzt und entsühnt werden, da sie in der Hand des Feindes gewesen waren; das richtige Vorgehen solle von einem Zweimännerausschuß in Büchern ausfindig gemacht werden. Mit den Einwohnern von Caere solle ein staatliches Gastrecht geschaffen werden, da sie Götterbilder und Priester der Römer aufgenommen hätten, so daß durch das Zuvorkommen dieser Bürgerschaft die Verehrung der unsterblichen Götter nicht unterbrochen worden sei. Kapitolinische Festtage sollten eingeführt werden, weil Jupiter Optimus Maximus in der Not seinen Sitz und damit die Hochburg der römischen Nation geschützt habe; dazu solle der Diktator Marius Furius aus denen, die auf dem Kapitol und dem Burgberg wohnen, einen Ausschuß einsetzen. Auch kam man auf jene Stimme zu sprechen, die als Künderin der Katastrophe vor dem Krieg mit den Galliern gehört, aber nicht beachtet worden war; sie sollte durch eine Bußübung entsühnt werden; es wurde angeordnet, an der Via Nova für die Gottheit Aius Locutius einen Tempel

cutio fieri. aurum, quod Gallis ereptum erat quodque ex aliis templis inter trepidationem in Iovis cellam conlatum, cum in quae referri oporteret confusa memoria esset, sacrum omne iudicatum et sub Iovis sella poni iussum.

iam ante in eo religio civitatis apparuerat, quod cum in publico deesset aurum, ex quo summa pactae mercedis Gallis confieret, a matronis conlatum acceperant, ut sacro auro abstineretur. Matronis gratiae actae honosque additus, ut earum sicut virorum post mortem sollemnis laudatio esset.

GALLVS STOLIDE LAETVS

VII.9.1 Insequenti anno cum C. Sulpicius et C. Licinius Calvus consules in Hernicos exercitum duxissent neque inventis in agro hostibus Ferentinum urbem eorum vi cepissent, revertentibus inde eis Tiburtes portas clausere. ea ultima fuit causa, cum multae ante querimoniae ultro citroque iactatae essent, cur per fetiales rebus repetitis bellum Tiburti populo indiceretur.

Dictatorem T. Quinctium Poenum eo anno fuisse satis constat et magistrum equitum Ser. Cornelium Maluginensem. Macer Licinius comitiorum habendorum causa et ab Licinio consule dictum scribit, quia collega comitia bello praeferre festinante, ut continuaret, consulatum, obviam eundum pravae cupiditati fuerit. quaesita ea propriae familiae laus leviorem auctorem Licinium facit; cum mentionem eius rei in vetustioribus annalibus nullam inveniam, magis ut

zu errichten. Das Gold, das man den Galliern wieder abgenommen hatte und auch jenes, das während des Durcheinanders von anderen Tempeln in den Innenraum des Jupitertempels gebracht worden war und von dem man jetzt nicht mehr wußte, in welchen Tempel es gehörte, wurde samt und sonders zum Götterbesitztum erklärt und zur Aufbewahrung unter dem Thron des Jupiter bestimmt. Schon vorher war die Scheu der Bürger vor dem Göttlichen darin zutage getreten, daß man, als der Staat zu wenig Gold hatte, um den Galliern die vereinbarte Summe auszubezahlen, das von den verheirateten Frauen zusammengebrachte Gold nahm, um ja nicht das geweihte Gold anzutasten. Den Frauen wurde dann dadurch Dank und Anerkennung zuteil, daß sie nach ihrem Ableben eine feierliche Leichenrede erhielten wie sonst nur Männer.

TÖRICHTER ÜBERMUT EINES GALLIERS

Im folgenden Jahr führten die Konsuln Gaius Sulpicius und Gaius Licinius Calvus das Heer ins Gebiet der Herniker; da sie auf freiem Feld nicht auf den Feind trafen, erstürmten sie deren Stadt Ferentinum; als sie aber zurückkehrten, verschlossen ihnen die Tiburtiner die Tore. Dies war nun letztlich der Grund dafür, daß, nachdem sich beide Parteien schon vorher oft gegenseitig Vorwürfe gemacht hatten, dies alles durch die Fetialpriester vorgebracht und dem Volk von Tibur der Krieg erklärt wurde.

Daß in diesem Jahr Titus Quinctius Poenus Diktator war und Servius Cornelius Maluginensis sein Reitergeneral, ist sicher; Licinius Macer schreibt, er sei der Volksversammlung wegen ernannt worden, und zwar durch den Konsul Licinius, welcher einer schlimmen Machtgier habe entgegentreten müssen; sein Amtskollege habe nämlich darauf gedrängt, die große Volksabstimmung vor Beginn des Krieges abzuhalten, um sein Amt weiterführen zu können. Die Tatsache, daß Licinius für die eigene Familie Lob sucht, macht ihn zu einem nicht sehr glaubwürdigen Autor, und da ich in älteren Berichten nirgends eine Erwähnung dieses Umstands gefunden habe, neige ich zur

belli Gallici causa dictatorem creatum arbitrer inclinat animus. eo certe anno Galli ad tertium lapidem Salaria via trans pontem Anienis castra habuere.

Dictator cum tumultus Gallici causa iustitium edixisset, omnes iuniores sacramento adegit ingentique exercitu ab urbe profectus in citeriore ripa Anienis castra posuit. pons in medio erat, neutris rumpentibus, ne timoris indicium esset. proelia de occupando ponte crebra erant, nec qui potirentur incertis viribus satis discerni poterat. tum eximia corporis magnitudine in vacuum pontem Gallus processit et quantum maxima voce potuit «quem nunc» inquit «Roma virum fortissimum habet, procedat agedum ad pugnam, ut noster duorum eventus ostendat, utra gens bello sit melior.»

10.1 Diu inter primores iuvenum Romanorum silentium fuit, cum et abnuere certamen vererentur et praecipuam sortem periculi petere nollent; tum T. Manlius L. filius, qui patrem a vexatione tribunicia vindicaverat, ex statione ad dictatorem pergit; «iniussu tuo» inquit, «imperator, extra ordinem nunquam pugnaverim, non si certam victoriam videam; si tu permittis, volo ego illi beluae ostendere, quando adeo ferox praesultat hostium signis, me ex ea familia ortum, quae Gallorum agmen ex rupe Tarpeia deiecit.» tum dictator «macte virtute» inquit «ac pietate in patrem patriamque, T. Manli, esto. perge et nomen Romanum invictum iuvantibus dis praesta.»

Armant inde iuvenem aequales; pedestre
170 scutum capit, Hispano cingitur gladio ad
171 propiorem habili pugnam. armatum ad-

Annahme, daß der Diktator wegen des Krieges mit den Galliern gewählt worden war. Jedenfalls hatten die Gallier ihr Lager beim dritten Meilenstein an der Via Salaria jenseits der Brücke gebaut.

Nachdem der Diktator wegen der Gallier-Bedrohung einen Rechtsstillstand angeordnet hatte, ließ er alle waffenfähigen Männer den Fahneneid schwören, brach mit einem riesigen Heer von Rom auf und errichtete sein Lager am diesseitigen Ufer des Anio. Die Brücke befand sich nun in der Mitte, und keine der beiden Parteien wollte sie einreißen, damit es nicht so aussah, als habe man Angst. Es gab zahlreiche Kämpfe um den Besitz der Brücke, doch war nicht mit Sicherheit auszumachen, wer sich ihrer bemächtigen würde, da das Kräfteverhältnis noch nicht zur Genüge feststand. Da trat ein Gallier von ungewöhnlicher Körpergröße auf die leere Brücke und rief so laut er konnte: «Der Mann, den Rom jetzt als seinen tapfersten betrachtet, soll herkommen und zum Kampf antreten, damit der Ausgang unseres Zweikampfs zeige, welches Volk dem anderen im Kriege überlegen ist!» Lange herrschte Schweigen unter den Führern des römischen Heeres, da sie einerseits Scheu hatten, den Zweikampf abzulehnen, andrerseits auch nicht das Schicksal waghalsig herausfordern wollten. Da ging Titus Manlius, der Sohn des Lucius Manlius, der seinen Vater vor der Belästigung der Volkstribunen in Schutz genommen hatte, von seinem Posten zum Diktator. «Ohne deinen Befehl, Diktator», sagte er, «würde ich niemals außerhalb der Schlachtordnung kämpfen, auch dann nicht, wenn ich den sicheren Sieg vor Augen hätte; aber wenn du es erlaubst, so will ich diesem plumpen Tier, das so wild der feindlichen Front vorausrennt, zeigen, daß ich aus der Familie stamme, die das Heer der Gallier vom Tarpeischen Felsen hinuntergestoßen hat!» Da entgegnet der Diktator: «Heil deiner Tapferkeit und deinem Pflichtgefühl gegenüber Vater und Vaterland, Titus Manlius! Geh nur, und erweise Rom und alles, was römisch heißt, als unbesiegbar – mit Hilfe der Götter!»

Die Altergenossen legen dem jungen Mann die Rüstung an; er ergreift den Schild des Fußsoldaten und gürtet sich mit dem spanischen Schwert, das sich für den Nahkampf besser eignet.

ornatumque adversus Gallum stolide laetum et – quoniam id quoque memoria dignum antiquis visum est – linguam etiam ab inrisu exserentem producunt. recipiunt inde se ad stationem; et duo in medio armati spectaculi magis more quam lege belli destituuntur, nequaquam visu ac specie aestimantibus pares. corpus alteri magnitudine eximium, versicolori veste pictisque et auro caelatis refulgens armis; media in altero militaris statura modicaque in armis habilibus magis quam decoris species; non cantus, non exsultatio armorumque agitatio vana, sed pectus animorum iraeque tacitae plenum; omnem ferociam in discrimen ipsum certaminis distulerat.

Vbi constitere inter duas acies tot circa mortalium animis spe metuque pendentibus, Gallus velut moles superne imminens proiecto laeva scuto in advenientis arma hostis vanum caesim cum ingenti sonitu ensem deiecit; Romanus mucrone subrecto, cum scuto scutum imum perculisset totoque corpore interior periculo volneris factus insinuasset se inter corpus armaque, uno alteroque subinde ictu ventrem atque inguina hausit et in spatium ingens ruentem porrexit hostem. iacentis inde corpus ab omni alia vexatione intactum uno torque spoliavit, quem respersum cruore collo circumdedit suo. defixerat pavor cum admiratione Gallos; Romani alacres ab statione obviam militi suo progressi, gratulantes laudantesque ad dictatorem perducunt. Inter carminum prope modo in-
172 condita quaedam militariter ioculantes
173 Torquati cognomen auditum; celebratum

Bewaffnet und gerüstet bringen sie ihn zum Gallier, der wie ein Narr ausgelassen ist und zum Spott noch die Zunge herausstreckt (ich erwähne dies nur, weil schon frühere Autoren es erwähnenswert fanden). Dann ziehen sie sich in ihre Stellung zurück; die zwei aber in voller Rüstung stellen sich, eher nach Art eines Schaukampfes als nach den Regeln im Krieg, in der Mitte auf, nach ihrem Aussehen und nach ihrer Erscheinung für die Zuschauenden keineswegs einander gleich. Die Gestalt des einen ist von außerordentlicher Größe; er trägt ein buntscheckiges Gewand und funkelt mit bemalten und goldverzierten Waffen; der andere hat eine mittlere Soldaten-Statur und macht mit seiner Rüstung, die eher dem Gebrauch als dem Glanze dient, einen gemessenen Eindruck; er johlt nicht, springt nicht herum und fuchtelt nicht sinnlos mit den Waffen; sein Inneres aber ist voller Angriffslust und unterdrücktem Zorn; er wollte seine ganze Kraft für das entscheidende Geschehen des Kampfes aufsparen.

Als sie sich zwischen den beiden Fronten aufgestellt hatten – und dabei schwebten viele Menschen ringsum zwischen Angst und Hoffnung –, hielt der Gallier, wie eine Mauer aufragend, mit der Linken seinen Schild vor, vollführte mit dem Schwert (zunächst) Scheinangriffe gegen die Waffen des angreifenden Feindes und ließ es dann mit gewaltigem Geschrei niedersausen; der Römer, mit blankem Schwert, stieß mit seinem Schild ganz unten gegen den Schild des Gegners, geriet mit dem ganzen Körper in Gefahr, getroffen zu werden, und drängte sich zwischen Körper und Schild des Gegners; einen Stoß versetzte er ihm in den Bauch, den anderen in die Weichen und streckte ihn nieder, so daß er in seiner ganzen Länge hinstürzte. Den Leichnam des Daliegenden ließ er unberührt, er mißhandelte ihn in keiner Weise und nahm ihm nur eine Kette ab, die er sich, blutverschmiert wie sie war, um den Hals legte. Angst, gepaart mit Bewunderung, hatte die Gallier gebannt; die Römer aber springen voller Freude von ihrem Platz aus ihrem Kämpfer entgegen, beglückwünschen ihn und führen ihn zum Diktator. Unter all den recht groben Sprüchen, welche die Soldaten in ihrer Art scherzend vernehmen lassen, hört man den Beinamen «Torquatus»; von seinen Nach-

deinde posteris etiam familiae honori fuit. Dictator coronam auream addidit donum mirisque pro contione eam pugnam laudibus tulit.

11.1 Et hercule tanti ea ad universi belli eventum momenti dimicatio fuit, ut Gallorum exercitus proxima nocte relictis trepide castris in Tiburtem agrum atque inde societate belli facta commeatuque benigne ab Tiburtibus adiutus mox in Campaniam transierit.

ATROCITAS POENAE

VIII.6.8 Consensit et senatus bellum; consulesque duobus scriptis exercitibus per Marsos Paelignosque profecti adiuncto Samnitium exercitu ad Capuam, quo iam Latini sociique convenerant, castro locant.

Ibi in quiete utrique consuli eadem dicitur visa species viri maioris quam pro humano habitu augustiorisque, dicentis ex una acie imperatorem, ex altera exercitum Deis Manibus Matrique Terrae deberi; utrius exercitus imperator legiones hostium superque eas se devovisset, eius populi partisque victoriam fore. hos ubi nocturnos visus inter se consules contulerunt, placuit averruncandae deum irae victimas caedi; simul ut, si extis eadem, quae somnio visa fuerant portenderentur, alter uter consulum fata impleret. ubi responsa haruspicum insidenti iam animo tacitae religioni congruerunt, tum adhibitis legatis tribunisque et imperiis deum propalam expositis, ne mors voluntaria consulis exercitum in acie terreret,
174 taria consulis exercitum in acie terreret,
175 comparant inter se ut, ab utra parte cedere

kommen weitergeführt, gereichte er dann der ganzen Familie zur Ehre. Der Diktator gab einen goldenen Ehrenkranz als Geschenk dazu und rühmte vor versammeltem Heer den Kampf mit bewundernden Worten.

Und beim Herkules, dieser Zweikampf war von derart großer Bedeutung für den Verlauf des gesamten Krieges, daß das gallische Heer in der nächsten Nacht beunruhigt das Lager verließ; sie kamen dann ins Gebiet der Tiburtiner, schlossen mit ihnen ein Bündnis und wurden von ihnen bereitwillig mit Proviant versorgt; bald danach verlagerten sie sich nach Campanien.

GRAUSAMKEIT EINER STRAFE

Auch der Senat stimmte für den Krieg; die Konsuln ließen zwei Heere ausheben, zogen damit durch das Gebiet der Marser und Paeligner, gliederten sich noch das Aufgebot der Samniten an und schlagen dann bei Capua, wo die Latiner und die Bundesgenossen schon zusammengekommen sind, ein Lager auf.

Beide Konsuln sollen dort, als sie schliefen, dieselbe Erscheinung gehabt haben, nämlich die eines Mannes, der im Vergleich zu einem gewöhnlichen Menschen größer und beängstigender gewesen war. Er habe gesagt, die eine Kriegspartei schulde den Manen und der Mutter Erde ihren Feldherrn, die andere die Mannschaft, und wenn der Feldherr des einen Heeres die feindlichen Legionen dem Tode weihe und dazu noch sich selbst, so sei der Sieg auf Seiten dieses Volkes und dieser Partei. Als die Konsuln einanderr von den nächtlichen Erscheinungen erzählt hatten, beschlossen sie, Opfertiere zu schlachten, um den Zorn der Götter abzuwenden, aber auch, falls die Eingeweide dasselbe aussagen würden, was im Traum gesehen worden war, um zu sehen, welcher der beiden Konsuln das Schicksal erfüllen sollte. Als dann die Auskünfte der Eingeweidebeschauer mit der im Stillen schon vorhandenen Gläubigkeit übereinstimmte, riefen die Konsuln ihre Legaten und Tribunen zu sich und eröffneten dann der Truppe den Auftrag der Götter, damit der freiwillige Tod eines Konsuls

Romanus exercitus coepisset, inde se consul devoveret pro populo Romano Quiritibusque. agitatum etiam in consilio est ut, si quando unquam severo ullum imperio bellum administratum esset, tunc uti disciplina militaris ad priscos redigeretur mores. curam acuebat, quod adversus Latinos bellandum erat, lingua, moribus, armorum genere, institutis ante omnia militaribus congruentes; milites militibus, centurionibus centuriones, tribuni tribunis compares collegaeque iisdem in praesidiis, saepe iisdem manipulis permixti fuerant. per haec ne quo errore milites caperentur, edicunt consules, ne quis extra ordinem in hostem pugnaret.

7.1 Forte inter ceteros turmarum praefectos, qui exploratum in omnes partes dimissi erant, T. Manlius consulis filius super castra hostium cum suis turmalibus evasit, ita ut vix teli iactu ab statione proxima abesset. ibi Tusculani erant equites; praeerat Geminus Maecius, vir cum genere inter suos tum factis clarus. is ubi Romanos equites insignemque inter eos praecedentem consulis filium – nam omnes inter se, utique illustres viri, noti erant – cognovit, «unane» ait «turma Romani cum Latinis sociisque bellum gesturi estis? quid interea consules, quid duo exercitus consulares agent?» «Aderunt in tempore» Manlius inquit, «et cum illis aderit Iuppiter ipse, foederum a vobis violatorum testis, qui plus potest polletque. si ad Regillum lacum ad satietatem vestram pugnavimus, hic quoque efficiemus profecto, ne nimis acies vobis et conlata signa nobiscum cordi sint.»

Ad ea Geminus paulum ab suis equo pro-

nicht das kämpfende Heer in Schrecken versetze; sie vereinbaren untereinander, daß derjenige Konsul, auf dessen Seite das Römerheer zu weichen beginne, sich für die römische Nation und Bürgerschaft opfern solle. Man sprach in der Versammlung auch darüber, daß erst dann, wenn in einem Krieg mit aller Strenge befehligt würde, auch die soldatische Zucht wieder auf den früheren Stand käme. Eine besondere Sorge war, daß gegen Latiner Krieg geführt werden mußte, die ja in Sprache, Gewohnheiten, Bewaffnung und vor allem im Aufbau der Verbände übereinstimmten; ein Soldat war einst dem andern, ein Hauptmann dem andern, ein Legionsführer dem andern ranggleich gewesen; sie hatten in derselben Truppe Dienst geleistet, waren oft in der gleichen Abteilung gewesen. Damit kein Soldat davon verwirrt würde, ordneten die Konsuln an, es dürfe keiner außerhalb der befohlenen Truppenaufstellung gegen den Feind kämpfen.

Zufällig war unter den Schwadronführern, die nach allen Seiten auf Erkundung ausgeschickt worden waren, auch Titus Manlius, der Sohn des Konsuls; mit seinen Reitern wagte er sich so weit über das feindliche Lager hinaus, daß er kaum einen Lanzenwurf vom nächsten Posten entfernt war. Dort befanden sich die Reiter aus Tusculum: Geminius Maecius war ihr Anführer, ein Mann, der nach Abstammung und Leistung bei seinen Leuten viel galt. Als er nun die römischen Reiter gewahrte und unter ihnen besonders den Sohn des Konsuls, da er voranritt – sie alle kannten sich ja, zumal sie Adlige waren –, rief er: «Mit einer einzigen Reiterschar wollt ihr Römer gegen die Latiner und die Bundesgenossen Krieg führen? Was tun denn inzwischen die Konsuln? Was tun die beiden konsularischen Heere?» – «Sie werden rechtzeitig da sein!» antwortete Manlius, «und mit ihnen wird Iuppiter selbst zur Stelle sein als Zeuge für euren mehrfachen Vertragsbruch – und der kann und vermag noch mehr. Wenn wir am See Regillus den Kampf so geführt haben, daß es euch gereicht hat, so werden wir es wahrlich auch hier schaffen, daß ihr nie mehr Lust verspürt, gegen uns anzutreten und die Waffen gegen uns zu erheben!»

Da trieb Geminius sein Pferd etwas weiter vor und meinte:

vectus: «visne igitur, dum dies ista venit, qua magno conatu exercitus moveatis, interea tu ipse congredi mecum, ut nostro duorum iam hinc eventu cernatur, quantum eques Latinus Romano praestet?» movet ferocem animum iuvenis seu ira seu detractandi certaminis pudor seu inexsuperabilis vis fati. oblitus itaque imperii patrii consulumque edicti, praeceps ad id certamen agitur, quo vinceret an vinceretur haud multum interesset. equitibus ceteris velut ad spectaculum submotis, spatio, quod vacui interiacebat campi, adversos concitant equos; et cum infestis cuspidibus concurrissent, Manli cuspis super galeam hostis, Maeci trans cervicem equi elapsa est.

circumactis deinde equis, cum prior ad iterandum ictum Manlius consurrexisset, spiculum inter aures equi fixit. ad cuius volneris sensum cum equus prioribus pedibus erectis magna vi caput quateret, excussit equitem, quem cuspide parmaque innixum attollentem se ab gravi casu Manlius ab iugulo, ita ut per costas ferrum emineret, terrae adfixit; spoliisque lectis ad suos revectus cum ovante gaudio turma in castra atque inde ad praetorium ad patrem tendit, ignarus fati futurique, laus an poena merita esset.

«Vt me omnes» inquit, «pater, tuo sanguine ortum vere ferrent, provocatus equestria haec spolia capta ex hoste caeso porto.» quod ubi audivit consul, extemplo filium aversatus continem classico advocari iussit. quae ubi frequens convenit, «quandoque» inquit, «tu, T. Manli, neque imperium consulare neque maiestatem patriam veritus, adversus edictum nostrum extra ordinem in

«Möchtest du etwa, bis der Tag kommt, an dem ihr mit großem Aufwand ein Heer in Bewegung setzt, inzwischen selbst mit mir kämpfen, damit sich schon hier am Ergebnis unseres Zweikampfes zeigt, wie sehr ein latinischer Reiter einem römischen überlegen ist?» Der Kampfesmut des jungen Mannes flammte auf, sei es aus Zorn oder weil er sich schämte, die Herausforderung abzulehnen, oder einfach, weil der Macht des Schicksals nicht mehr auszuweichen war. Vergessen ist der Befehl des Vaters und das Gebot der Konsuln; blindlings läßt er sich auf den Kampf ein, wobei es ihm wenig bedeutet, ob er siege oder besiegt würde. Die anderen Reiter hieß er, wie wenn es sich um ein Schauspiel handelte, zurücktreten; auf dem Raum, den das weite Feld bot, treiben sie ihre Pferde aufeinander los. Als sie mit den Spießen gegeneinander einstürmten, fuhr die Lanze des Manlius über den Helm des Feindes hinaus, die des Maecius am Hals des Pferdes vorbei. Sie wendeten die Pferde, und da Manlius sich als erster zum nächsten Stoß aufgerichtet hatte, traf er mit seiner Waffe das Pferd zwischen die Ohren. Im Schmerz dieser Wunde bäumte sich das Tier hoch auf, schüttelte heftig den Kopf und warf den Reiter ab. Der stützte sich auf Schild und Lanze, um sich von dem schweren Sturz zu erheben; Manlius aber durchstach ihm von oben die Kehle, daß das Eisen, an den Rippen heraustretend, ihn am Boden festbohrte. Er nahm die Rüstung des Feindes an sich und ging zu seinen Leuten zurück; dann ritt er unter freudigen Triumphrufen seiner Schwadron ins Lager und suchte das Feldherrenzelt und den Vater auf, nicht ahnend, was ihm bevorstand und ob er Lob oder Tadel verdient habe.

«Damit alle», sagte er, «wirklich wissen, daß ich deinem Blut entstamme, bringe ich hier eine Rüstung, die ich, zu einem Kampf unter Reitern herausgefordert, dem getöteten Feind abgenommen habe!» Kaum hatte der Konsul dies vernommen, wandte er sich sogleich vom Sohn ab und ließ die Truppe durch ein Trompetensignal zusammenrufen. Als die Mannschaft dicht gedrängt da stand, sagte er: «Du respektierst offenbar, Titus Manlius, weder den Befehl eines Konsuls noch die Würde des Vaters; entgegen unserer Anordnung hast du außerhalb

hostem pugnasti et, quantum in te fuit, disciplinam militarem, qua stetit ad hanc diem Romana res, solvisti meque in eam necessitatem adduxisti, ut aut rei publicae mihi aut mei meorum obliviscendum sit, nos potius nostro delicto plectemur quam res publica tanto suo damno nostra peccata luat; triste exemplum, sed in posterum salubre, iuventuti erimus. me quidem cum ingenita caritas liberum tum specimen istud virtutis deceptum vana imagine decoris in te movet; sed cum aut morte tua sancienda sint consulum imperia aut impunitate in perpetuum abroganda, nec te quidem, si quid in te nostri sanguinis est, recusare censeam, quin disciplinam militarem culpa tua prolapsam poena restituas – i, lictor, deliga ad palum».

Exanimati omnes tam atroci imperio nec aliter quam in se quisque destrictam cernentes securem metu magis quam modestia quievere. itaque velut demerso ab admiratione animo cum silentio defixi stetissent, repente, postquam cervice caesa fusus est cruor, tam libero conquestu coortae voces sunt, ut neque lamentis neque exsecrationibus parceretur spoliisque contectum iuvenis corpus, quantum militaribus studiis funus ullum concelebrari potest, structo extra vallum rogo cremaretur, Manlianaque imperia non in praesentia modo horrenda, sed exempli etiam tristis in posterum essent.

8.1 Fecit tamen atrocitas poenae oboedientiorem duci militem; et praeterquam quod custodiae vigiliaeque et ordo stationum intentioris ubique curae erant, in ultimo etiam certamine, cum descensum in aciem est, ea severitas profuit.

der Schlachtreihe mit dem Feind gekämpft und somit, was dich betrifft, die soldatische Disziplin, auf der bis heute der römische Staat beruhte, untergraben und mich vor die Entscheidung gestellt, entweder den Staat aufzugeben oder mich und die meinen; so werden wir viel eher für unsere Fehler selber Sühne leisten, als daß der Staat für unsere Fehler mit gewaltigem Schaden büße. Wir werden ein trauriges, aber im Blick auf die Zukunft heilsames Beispiel für die waffenfähigen Männer sein! Mich bewegt zwar die angeborene Liebe zu den Kindern und ebenso diese vorbildliche tapfere Tat, die allerdings vom eitlen Bild des Ruhmes fehlgeleitet wurde. Aber wenn die Amtsgewalt der Konsuln nur durch deinen Tod wiederhergestellt oder, falls du unbestraft bleibst, jederzeit bestritten werden kann, so wirst nicht einmal du, wenn etwas von unserem Blute in dir ist, es zurückweisen – ich bin sicher –, daß du selber die Disziplin im Heer, die durch deine Schuld ins Wanken kam, mit deiner Bestrafung wiederherstellst. Nun geh, Liktor, binde ihn an den Pfahl!»

Alle hielten bei diesem grausigen Befehl den Atem an; jeder sah sozusagen das Beil gegen sich selbst gerichtet und verstummte, mehr aus Angst als aus Unterwerfung. So standen sie, sozusagen vom Staunen zu Boden gedrückt, in Stille unbeweglich da; plötzlich aber, als der Nacken getroffen war und Blut floß, erhoben sich die Stimmen in einem so ungehemmten Aufschrei, daß weder an Wehrufen noch an Verwünschungen gespart wurde; man solle die Leiche des jungen Mannes mit der eroberten Rüstung bedecken und ihn mit allen Ehren, mit denen beim Heer ein Begräbnis gefeiert werden kann, nach Errichten eines Scheiterhaufens außerhalb des Lagerwalls dem Feuer übergeben; die Entscheidung des Manlius solle nicht nur für den Augenblick furchtbar, sondern auch für die Zukunft ein trauriges Lehrstück sein.

Diese grausam harte Bestrafung bewirkte aber doch, daß die Mannschaft ihren Führern gegenüber gehorsamer wurde; abgesehen davon, daß auf Posten und Nachtwachen und die Reihenfolge ihrer Besetzung überall sorgfältiger geachtet wurde, war auch im letzten Treffen, als man sich in Kampfstellung begab, die große Strenge von Nutzen.

VIII.12.1 Ita bello gesto, praemiis poenaque pro cuiusque merito persolutis T. Manlius Romam rediit; cui venienti seniores tantum obviam exisse constat, iuventutem et tunc et omni vita deinde aversatam eum exsecratamque.

Nachdem Titus Manlius den Krieg auf diese Weise geführt und Belohnungen und Bestrafungen nach Verdienst ausgeteilt hatte, kehrte er nach Rom zurück. Daß ihm bei seiner Ankunft nur die älteren Leute entgegen gingen, ist sicher; die Jugend wandte sich damals und ihr ganzes Leben lang von ihm ab und verfluchte ihn.

Literatur

Der lateinische Text dieser Ausgabe folgt für die Bücher 1–5 der Ausgabe von R. M. Ogilvie, Oxford Classical Textes, 1974, für den Rest der Ausgabe von C. F. Walters und R. S. Conway, Oxford Classical Textes, 1938 (–1970). Die Schreibweise wurde den deutschen Lesegewohnheiten angepaßt.

R. M. Ogilvie, A Commentary on Livy, Books 1–5, Oxford 1965 (und 1970–84)

Wege zu Livius, hg. v. Erich Burck, Darmstadt 1977 (Wege der Forschung Bd. 132)

Andreas Alföldi, Das frühe Rom und die Latiner, Darmstadt 1977

Augustus, hg. v. W. Schmitthenner, Darmstadt 1969 (Wege der Forschung Bd. 128)

Friedrich Klingner, Römische Geisteswelt, 5. verm. Aufl. München 1965

Karl Büchner, Römische Literaturgeschichte, Stuttgart 1968

Der kleine Pauly, hg. v. K. Ziegler und W. Sontheimer, 5 Bände, München 1979

Ernst Meyer, Römischer Staat und Staatsgedanke, 4. verm. Aufl. Zürich 1975

Weitere Angaben finden sich in den Anmerkungen

S. 14, Z. 1 Nach Quint.inst.or. 9.4.74 ein daktylischer Anfang, so wie später Tac.ann.1.1, welcher allerdings ein vollständiger Hexameter ist. Vielleicht ist der Anfang der Livius-Praefatio eine Erinnerung an Ennius. Jedenfalls wurde der Beginn eines Werkes von den römischen Autoren immer sehr sorgfältig überlegt. – s. a. Wege zu Livius S. 169–180.

14,7 Vgl. das hellenistische Ziel der Geschichtsschreibung χρήσιμον και τερπνόν, das bei Horaz (ars p. 333) als *prodesse* und *delectare* erscheint.

14,23 Liv. denkt hier wohl an den kürzlich überstandenen Bürgerkrieg. Man setzt die Abfassung der *praefatio* ins Jahr 27 v. Chr., nach den ersten fünf Büchern. Siehe dazu R. Syme, Livy and Augustus, Harvard Stud. in Class. Phil., Bd. 64, Cambridge 1959, S. 37, auch in: Wege zu Livius Seite 39.

14,30 Kurz und knapp wird diesen Gedanken Tacitus formulieren, doch viel weniger einhalten als Livius (Tac.ann.1.1: sine ira et studio).

16,19 Livius spricht hier ähnliche Gedanken an, wie sie ausdrücklich bei Horaz (cm.III.24) enthalten sind: nicht äußere Gewalt, sondern nur innere Erneuerung kann die schlimmen Zustände bessern. Daß dies des Augustus Politik werden sollte, konnte Livius erst ahnen. Die erwähnte Horaz-Ode ist eher ein frühes Werk, vielleicht schon vor 31 v. Chr. verfaßt.

16,32 Man beachte die Reihe der leitmotivischen Wörter: *viros, artibus, disciplina, exempli,* ferner *documenta, monumento, imitere, vites, avaritia, luxuria* gegenüber *paupertas, parsimonia.* Vergleiche außerdem den auch schon in antiker Zeit oft zitierten Vers aus Ennius (ann.500. V.): *moribus antiquis res stat Romana virisque.*

18,5 Die Anrufung der Götter um Beistand ist seit ältester Zeit fester Bestandteil der Dichtung (Homer, Hesiod, Ennius u. a.), jedoch nicht der Geschichtsschreibung. Daß dieser Gedanke hier, wie der Formulierung zu entnehmen ist, zum ersten Mal bei einem Historiker erscheint, deutet wieder einmal auf die Nähe zur Poesie, ist aber auch in dem bei Livius so grundlegenden religiösen Denken begründet.

18,8 *Is:* Proca, einer in der längeren Reihe von Königen in Alba Longa. Die lange Liste ist, was Ogilvie im Kommentar zeigt, historisch kaum haltbar; die endgültige Zusammenstellung dieser Namen ist erst im 2. Jahrhundert erfolgt und zum Teil willkürlich erfunden. Die Tradition hielt daran fest, daß die in Italien endlich angekommenen Troianer drei Jahre lang mit den Einheimischen zu kämpfen hatten, daß danach Iulus Ascanius, Sohn des Aeneas, 30 Jahre lang in Lavinium geherrscht habe und von da die Herrschaft nach Alba Longa verlegt worden sei, welche dann 300 Jahre gedauert haben soll, bis die berühmten Zwillinge geboren worden sind. Vergleiche dazu Verg.Aen. I.263–274; zu Proca auch Ov.Met.XIV.622. ff.

18,20 Dieser Gedanke deckt sich mit der Darstellung Vergils in der Aeneis.

20,1 *Ruminalis:* dieses Wort steht etymologisch in Verbindung mit *Roma, Romulus, Remus* und *Rumina*; es ist eine Art Adjektivbildung zu *Rumina.* Die weiteren Zusammenhänge sind unklar, doch ist das allen genannten Wörtern Zugrundeliegende ein etruskischer Begriff, der in *Rumon* (früherer Name des Tibers; s. dazu Serv. zu Verg.Aen.8.64) und in *ruma* (ein etruskisches Genilicium) ebenfalls erscheint. – Bald wurde an der bewußten Stelle eine Göttin *Rumi(n)a* als Göttin der Säugenden verehrt. Ogilvie weist auf die uralte Verbindung von Feigen und Mutterbrust hin; er hält diesen Kult für das Ältere, die Verknüpfung der Wortähnlichkeiten für jünger. Dies ist nicht von der Hand zu weisen. Livius häuft hier feierliche Wörter: *Ruminalis* ist sehr selten. Ebenso ungewöhnlich und der Poesie nahestehend ist *alluvies, alveus* und *vagitus.*

20,12 Der Name der Frau wird verschieden überliefert und entbehrt faktischer Grundlagen.

20,25 Grotte am Palatin, vermutlich am NW-Abhang, wo Lupercus verehrt wurde, eine Gottheit, die etwa dasselbe wie Faunus verkörperte.

20,27 Diese Namenserklärung ist sicher nicht richtig; das weitere ist aber unklar. Jedenfalls war dieser Hügel schon zu Beginn des 1. Jahrtausends v. Chr. besiedelt. S. dazu E. Meyer S. 17/18.

20,31 Nämlich mit einem Ziegenfell bekleidet. Der erst in späterer Zeit durchgeführte Ritus stimmt nicht damit überein und ist merkwürdig. Das Fest fand am 15. Februar statt. Am Fuß des Palatiums vollzogen die Priester des Lupercal, die *luperci*, einen Umlauf und schlugen dabei mit Riemen aus Ziegenfell auf die Begegnenden. Besonders Frauen ließen sich gern so behandeln im Glauben an einen Fruchtbarkeitszauber. Doch ist der ganze Ritus noch nicht überzeugend gedeutet, ebensowenig die Bezeichnung *luperci*, die irgendwie mit *lupus* zusammenhängt.

26,28 Daß Neptunus (bzw. griech. Poseidon) gewöhnlich als Gott des Wassers, des Meeres, der Quellen und Flüsse angesprochen wird, ist eine Verengung seines ursprünglich weiter gefaßten Kultfeldes. In frühester Zeit war er Pferdegottheit; die Beziehungen zum Pferd sind noch in manchem griechischem Mythos enthalten. Sein Fest, die Neptunalia, fanden jeweils am 23. Juli statt. Die Verbindung mit den Consualia (eigentl. «Fest zu Ehren des Consus») ist nur äußerlich und sekundär.

28,17 Thalassio: Eine Legende, die Livius von früheren Autoren übernimmt. Der Brauch, dieses Wort bei der Hochzeit zu verwenden, ist in Rom offenbar sehr alt. Eine etymologische und sachliche Erklärung dafür gibt es bis jetzt nicht; das Wort könnte etruskisch sein.

28,26 H. Haffter, Gymn. 71, 1964, S. 236, weist darauf hin, daß mit dem Wort *superbia* der Grundgedanke der ganzen Geschichte dargestellt ist, nämlich das politische Handeln Roms aufgrund der Überheblichkeit der Nachbarn, ähnlich wie schon in der Cacus-Geschichte (Liv.I.7.3–15), die den augusteischen Autoren wichtig ist; vgl. auch Verg.Aen.VI.853.

30,35 Schon in römischer Zeit wurde dieser Beiname von *ferire* = stoßen, treffen (so auch Walde-Hofmann im etymolog. Wörterbuch) und von *ferre* = bringen abzuleiten versucht. Ich bezweifle stark, daß dieser Beiname überhaupt eine lateinische Wortbildung ist.

32,11 nämlich durch A. Cornelius Cossus im Jahre 428 v. Chr. (?) (s. Liv.IV.20) und durch M. Claudius Marcellus im Jahre 222 v. Chr. Zur ausdrücklichen Verweigerung der *spolia opima* für M. Licinius Crassus durch Augustus siehe H. Dessau, Livius und Augustus, Hermes 41, 1906, S. 142.

36,28 Die Haare ungebunden fallen zu lassen war seit frühester Zeit ein Zeichen der Trauer. Daß es noch im 3. Jahrhundert nach Chr. genauso verstanden wurde, zeigt Tert.acta Perp.20.2.

38,12 Dieser Name ist seit frühester Zeit immer die Anrede an die römischen Bürger, wenn jemand öffentlich spricht. Die hier gegebene Erklärung des Namens könnte zutreffen, kann aber nicht als gesichert gelten. Gewiß gehört der uralte Beiname des Romulus, Quirinus, irgendwie dazu, ebenso der davon benannte *collis Quirinalis*.

38,15 Eine andere Erklärung dieser Bezeichnung für die Stelle mitten auf dem Forum Romanum, die von einem Mäuerchen umgeben war, gibt Livius VII.6.1–6; diese Version ist vermutlich die ältere. Eine dritte findet sich bei Varro L.L.5.150. Historisch ist wohl keine.

40,7 Die von Livius eindeutig dargestellte Version hat interessante Parallelen. So tritt Iulius Proculus z. B. bei Cicero rep.2.10.20 nur auf, weil die Senatoren damit den Verdacht von sich ablenken wollen. Ferner ist Proculus bei Cic. a.a.O. ein *homo agrestis*, der kaum Glauben verdient. Aber bei

Ov.fast.2.497–499 ist Proculus auch derjenige, der die Senatoren aus eigenem Antrieb unterstützt.

40,13 Vergil und die älteren Epiker drückten sich genauso aus. Ebenso ist *perfusus horrore* ein Ausdruck, der der Poesie nachgeahmt ist. Es ist klar, daß an dieser wichtigen Stelle nur der hohe Stil in Frage kam, der auch in den folgenden Sätzen vorherrscht. Vermutlich hat Livius diese sehr prägnant programmatische Verkündigung bewußt an den Anfang seines Werkes gesetzt, sozusagen als vorausgenommenes Ergebnis der im nachfolgenden beschriebenen Ereignisse der Jahrhunderte, also mit Bezug auf die Tätigkeit des Augustus.

40,17 Eine in ihrer Prägnanz der Livius-Stelle durchaus ebenbürtige Formulierung ist Verg.Aen.I.279. Auch andere Stellen bei Livius gehen in diese Richtung, z. B. V.48.8/XXX.32.1 u. v. a.; s. dazu H. Hoch, die Darstellung der politischen Sendung Roms bei Livius, Diss. Zürich 1951 (auch in: Wege zu Livius S. 261–276).

40,25 Für zeitgenössische Leser mußte hier unwillkürlich der Gedanke an die Gottähnlichkeit Caesars und des Augustus auftauchen.

40,28 Ancus war gemäß der antiken Rechnung König 640–616 v. Chr.

42,3 Arruns ist ein etruskischer Name, der mehrmals inschriftlich erwähnt ist. Lucumo: latinisiert aus etr. *lauχume*. Dies bezeichnete den König, deren es ja gleichzeitig jeweils 12 gab; jeder herrschte über eine der 12 selbständigen etruskischen Völkerschaften. Ogilvie (im Kommentar zur Stelle) hält den Namen Lucumo beim 5. römischen König als ein falsches Aition für den Vornamen Lucius.

42,11 Egerius: sekundärer Name aus dem Verb *egere* «entbehren».

42,25 siehe Liv.I.5 und I.6.

42,28 Numa Pompilius, der zweite römische König, der nach der römischen Tradition 715–672 regiert haben soll. Livius überträgt hier Gepflogenheiten der republikanischen Zeit in die früheste Zeit, in der sie entweder gar nicht oder nur schwach ausgebildet waren (vermutlich erst ab 5. Jh.), nämlich den Brauch, eine Reihe von Wachsbildern der Ahnen im Atrium aufgestellt zu haben, welche den Eintretenden gleich die Berühmtheit und den Adel der Familie deutlich machte. Die Argumentation, die hier Livius bringt, erinnert an Sall.Iug.85.17.

44,10 Der Beiname *Priscus* = der Alte ist sicher erst später zugefügt worden, um ihn vom anderen Tarquinius zu unterscheiden.

46,18 Daß ein Menschenkopf von einem Feuerschein umstrahlt gewesen sei, dem eine göttliche Einwirkung zugrunde liege, wird auch anderswo berichtet, z. B. Verg.Aen.II.679ff. Auch von anderen Licht- und Feuererscheinungen, welche als bedeutendes Omen angesehen wurden, wird in verschiedenen römischen Legenden berichtet. Sicherlich geht auch die christliche Darstellung des Heiligenscheins auf solche Vorstellungen zurück.

52,13 Dieser Hinweis und andere Umstände machen deutlich, daß Livius hier nicht Historisches berichtet, sondern vom hellenistischen Erzählgut beeinflußt ist.

54,15 Livius verwendet hier die offizielle Formel der Volksabstimmung *vos rogo, Quirites, velitis iubeatis* (Euch, Bürger von Rom, frage ich, ob ihr wollt und gutheißt, daß...). Der Wortlaut des Antrags war Tage zuvor schriftlich bekanntgegeben worden, so daß es nur der Zustimmung oder Ablehnung durch das Volk bedurfte. Ebenso formelhaft ist *iniussu populi* (ohne rechtsgültige Bestätigung durch die Volksversammlung). S. zum Ganzen E. Meyer S. 193.

54,34 Sie heißen natürlich beide Tullia; die wildere ist die jüngere. Diese Frauengestalten sind wie die der Tanaquil und die der Mutter des Coriolan von der griechischen (hellenistischen) Geschichtsschreibung geformt worden, wel-

che ihrerseits teilweise auf die klassische griechische Tragödie zurückgriff.

60,2 Eine bis in die späte Republik hinein bestehende Altertümlichkeit, daß nach dem Tod eines Königs bis zu einer Neuwahl für fünf Tage ein Zwischenkönig zu regieren hatte. Nach der Abschaffung des Königtums wurde der *interrex* trotzdem beibehalten, um eventuell fehlende Konsuln bis zu einer Neuwahl zu ersetzen. s. dazu E. Meyer S. 21 und 160.

60,12 Die amtliche Einschätzung der finanziellen Verhältnisse jedes Bürgers, aufgrund welcher die Zuordnung zum Adel (Senatorenstand, Ritterstand) vorgenommen wurde; die Leitung dieser alle fünf Jahre stattfindenden Schätzung oblag dem *censor.* Die Einrichtung ist zweifelsohne recht früh, doch kaum dem Servius zuzuschreiben, sondern etwa in die 1. Hälfte des 5. Jahrhunderts zu setzen. S. dazu E. Meyer S. 55.

62,7 zwischen der *Sacra Via* und der *Subura* westlich der *Carinae*. Der Name hat wohl nichts mit der Insel Zypern zu tun, sondern geht viel eher auf ein sabinisches Wort *ciprum* zurück, welches nach Varro L.L.5.159 «gut» bedeutete. Gestützt wird diese Annahme durch den Beleg des Göttinnennamens *Cupra* im Picenischen und umbrischen Gebiet (Conway, Italic Dialects, Nr. 354).

62,9 Der Name wirft einige Fragen auf. An anderer Stelle ist er kaum erwähnt; die Überlieferung scheint eher literarisch zu sein. Eine Vermischung mit der Virbius-Sage (vgl. Verg.Aen.7.761ff. und Ov.Met.15,497ff.) welche die wesentlichen Elemente des Hippolytos-Mythos enthält, ist sehr wahrscheinlich, so daß eher die Geschichte der rasenden Tullia den Namen *Clivus Vrbius* erzeugte als daß sie schon immer an einem so benannten Ort lokalisiert war.

62,20 Dem römischen Menschen war kaum etwas heiliger als die Hausgötter *(Lares Penatesque)*, welche in jedem Hause ihren Altar hatten und allmorgendlich vom *pater familias* verehrt wurden; *Penates* oder *Lares* steht stellvertretend für «Zuhause», und auch der Staat besitzt solche Schutzgötter; wo sie fehlen, läßt sich nicht leben.

64,8 nämlich König Tarquinius Superbus mit dem Bau des Jupiter-Tempels auf dem Kapitol.

64,10 Ogilvie sieht hier ein Motiv des griechischen Mythos, das öfter in der Legendenbildung verwendet wurde, nämlich *daß* das Erscheinen einer Schlange den Tod verkündet.

64,32 Im Lateinischen hört man darin sofort das Adjektiv *brutus* (stumpfsinnig, schwerfällig). Dieser Beiname dürfte im 4. oder 3. Jh. legendenhaft dazugekommen sein.

68,23 Hier vereint Livius alle Elemente des Idealbildes einer römischen verheirateten Frau. Ogilvie nennt zahlreiche Stellen aus der griechischen Literatur und nennt die Szene «pure New Comedy». Für Livius steht jedoch nur die selbstdisziplinierte und sittenstrenge Frau als Vorbild im Vordergrund. Vgl. dazu auch die Grab-Inschrift auf eine Claudia CIL I.1211.

76,24 Der Übergang von der Monarchie zur Republik ist sicher weniger geradlinig verlaufen als hier dargestellt. Im einzelnen siehe dazu E. Meyer S. 37ff.

76,27 Danach: also im Jahr nach der Vertreibung des Tarquinius, welche allgemein auf 509 v. Chr. angesetzt wird.

76,28 Die Namensform ist umstritten. Ogilvie entschied sich für *Porsenna.*

78,21 Diese Darstellung der Verhältnisse trifft (nach Ogilvie) nicht zu.

78,23 Ein Anachronismus, da solche Zölle erst im 3. Jh. v. Chr. aufkamen.

78,37 Vermutlich südlich von der Tiber-Insel. Sie war lange Zeit die einzige Brücke über den Tiber und mußte, da sie ganz aus Holz gebaut war (Plut.Numa 9), oft repariert werden.

82,5 Die Anrede eines Gottes mit *pater* ist durchaus ehrerbietig, vgl. z.B. *Iuppiter.* Möglicherweise steht hinter der Formulierung dieser Bitte eine alte

Gebetsformel; schon Ennius (ann. 54) griff darauf zurück, auf Ennius fußt Vergil Aen. 8.72. Vgl. dazu Walsh, in: Wege zu Livius S. 523.

82,12 Livius bezeugt somit, daß diese Statue allgemein für die des Cocles gehalten wurde, obwohl sie es nicht gewesen sein kann, da man erst im 4. Jh. v. Chr. für lebende Personen Statuen aufstellte. Siehe auch Liv. 2.13.11.

84,23 Die Geschichte spielt, nach antiker Geschichtsbetrachtung, im Jahre 244 nach der Gründung Roms, also 509 v. Chr.

86,6 Für die Schwerfälligkeit dieses Anfangs gibt es gute Gründe. Dem jungen Mucius schießt alles Mögliche ungeordnet durch den Kopf, bis er die naheliegende Lösung hat: eine große und kühne Tat; der anakoluthische Satz (d. h. die anfängliche Satzkonstruktion wird abgebrochen und man fängt neu an) macht dies deutlich. Was er wirklich tun will, erfährt der Leser allerdings erst bei der Tat selbst.

86,10 Man beachte die harte und knappe, ja stoßweise Rede des Mucius; er überschäumt von Tatendrang. Wirkungsvoll ergänzt wird dieser Effekt des Satzbaus durch lautmalerische Elemente, nämlich durch die Häufung der harten Laute t, tr, p, qu, was sich in der Übersetzung nicht nachmachen läßt.

88,15 *intactum inviolatumque*: Es dürfte sich hier um eine formelhafte Wendung handeln, die angewendet werden mußte, um die Sache rechtsgültig zu machen. Sie kommt nochmals vor in Kapitel 13.

88,27 Dieser Name, von einem etruskischen Wort mit unklarer Bedeutung hergeleitet, tönt im Lateinischen an *scaevus* = links an, und so hat man es schon in frühester Zeit als Beinamen mit der Bedeutung «Linkshand» verstanden, was aber sicher falsch ist.

92,3 Eine Frau auf dem Pferd war den Römern ein ganz ungewöhnlicher Anblick. Niemals wäre es einer Frau damals in den Sinn gekommen, ein Pferd zu besteigen. Aber diese Tat war eben außergewöhnlich, und ein Reiterstandbild zu haben bedeutete die größte Ehrung in der Öffentlichkeit.

92,15 Nach der römischen Überlieferung 493 v. Chr. Zum Ganzen vgl. Cic. Brut. 43 und Gell. 17.21.12.

94,22 Aristodemos hatte dem vertriebenen Tarquinius Zuflucht gewährt (nach Dion. Halik. 6.21.3) in der Hoffnung, er könne irgendwelchen Einfluß auf Rom gewinnen. Da nun Tarquinius in Cumae starb, wollte er sich wenigstens an dessen Erbe schadlos halten. Vgl. Alföldi S. 54ff.

96,8 Er hatte den berühmten Auszug der Plebs veranlaßt.

100,3 Ob es sich hier bereits um die später alljährlich im September gefeierten *ludi Romani* handelt, ist zweifelhaft.

100,7 Ein Balken über den Nacken, an dem die Arme festgebunden waren. In der Kaiserzeit benutzte man diese Balken als Querbalken des Kreuzes für die zur Kreuzigung Verurteilten.

102,20 Bei den Spielen im Jahre 501 v. Chr. sollen die Sabiner-Männer sich Freudenmädchen geraubt haben (Liv. 1.9), eine Art Umkehr der Geschichte vom Mädchenraub der Römer.

106,30 d. h. im Jahre 488 v. Chr.

110,10 Ogilvie sieht in dem *ergo* eine dem Drama entnommene Einleitung zu einem tragischen Aufschrei, der somit nicht adäquat übersetzt werden kann. Auch die Wendung *ira cecidit* findet sich in der epischen und tragischen Sprache, z. B. Ov. amor. 2.13.4 / Sen. Med. 989 / Lucan. 4.284 u. a.

114,27 Mit diesem auffälligen Satz markiert Livius, so Ogilvie S. 436, den Höhepunkt der ersten Pentade. Die Formulierung dürfte auf eine alte forensische Formel zurückgehen, wie E. Fraenkel, Horaz S. 81 bemerkt; vgl. dazu Ennius ann. 465 V. Jedenfalls hat sie festlichen Charakter, worauf es Livius hauptsächlich ankam.

117,17 Diese Ernennung war vorschriftsgemäß die allererste Amtshandlung des Diktators; andernfalls war seine eigene Wahl ungültig.

120,24 Dieser Brauch dürfte auf sehr alte Zeiten zurückgehen und ursprünglich Reinigungscharakter gehabt haben. Ebenso wie die Sache mit dem *tigillum sororium* (Liv.1.26.13), vielleicht auch die Sitte mit dem Triumphbogen, wurde das nicht mehr verstandene Ritual mit geschichtlichen Ereignissen verknüpft und damit das Vorhandensein des Rituals erklärt.

120,34 d. h. er wird als amtierender Konsul, der die Amtsgewalt durch die Volksversammlung erlangt hatte, vom Diktator abgesetzt, eine ungewöhnliche Maßnahme. *legatus* meint einen, der im Auftrag anderer, also nicht selbständig handelt.

122,1 ist unglaubhaft. Die Konjektur zu *coronam lauream* (nach Liv.26.28.14) verbietet sich wegen der Gewichtsangabe, doch ist eine goldene Ehrenkrone für einen siegreichen Diktator in dieser frühen Zeit unmöglich.

122,7 Der Wagen, auf dem der Diktator jeweils einzieht, folgt ganz am Schluß. Einem Diktator war es verboten, reitend den Triumph durchzuführen. Daß Adlige nicht reiten, wurde zugleich mit der Kenntnis des Pferdes im 2. Jahrtausend v. Chr. in Italien zur festen Regel. Zum ganzen Problem der Diktatur s. E. Meyer S. 158ff.

122,16 Der Ständekampf fand einen ersten Abschluß in der Festsetzung eines außerordentlichen Zehnmänner-Kollegiums; während der Amtszeit dieser Dezemvirn waren die ordentlichen Beamten suspendiert. Ein Mitglied führt die Geschäfte; hierin wechseln sie sich täglich ab. Das Hauptergebnis ihrer Tätigkeit soll die Einführung des Zwölftafelgesetzes gewesen sein; die Einzelheiten sind stark von Legenden durchzogen und kaum mehr richtig zu rekonstruieren. Auch die Jahresangabe 451 v. Chr. (nach Liv.3.33.1) ist wenig aussagekräftig, doch dürfte die Kodifizierung der römischen Rechtsgrundsätze etwa ins 5. Jh. gehören. – Ogilvie nennt die Geschichte die vortrefflichste Erzählung des Livius und stellt in seinem Kommentar folgende Tatsachen heraus: Der rechtliche Aspekt und die Verknüpfung mit der Einführung des Zwölftafelgesetzes kam erst in nachgracchischer Zeit dazu / In derselben Zeit wird Virginia zur Plebejerin, da gewisse Historiker der Geschichte mehr Farbigkeit verleihen wollten / Früher waren die handelnen Personen ohne Namen; es liegt auf der Hand, daß z. B. Verginius von *virgo* gebildet wurde. – Im Grunde basiert die Erzählung auf der Geschichte der Lucretia von Ardea (Liv.4.9.4) / Livius interessiert sich nicht sehr um juristische Details, weswegen ihm einige Fehler unterlaufen, sondern mehr um den dramatischen Verlauf.

124,5 zu dieser Zeit allerdings noch nicht. Die erste Schule wurde erst 234 v. Chr. in Rom eröffnet, zunächst sicher nur für Knaben, vorzugsweise für Adlige.

124,6 *manum inicere* war das rechtsgültige Zeichen einer Beanspruchung, die nur durch einen *vindex* vorläufig aufgehoben und nur durch ein Gericht allenfalls rückgängig gemacht werden konnte.

124,34 Hier bringt Livius die juristischen Fakten durcheinander. Appius konnte nur den Rechtsspruch verschieben, bis der Vater da war, jedoch nicht die vorläufige Freiheit aussprechen.

126,2 Auch hier irrte Livius. Gemäß Gesetz war es dem *adsertor* gestattet, zwischen dem Vorbringen des Streits vor dem Praetor *(in iure)* und der eigentlichen Gerichtsverhandlung *(in iudice)* das Beanspruchte zu behalten. Wenn Appius hier nachgab, so tat er es nur auf Druck der Öffentlichkeit, jedoch nicht, weil er dazu verpflichtet war. Livius gestaltet nach seinem (und unserem) Rechtsempfinden, nicht nach Kenntnis der alten Gesetze.

126,25 Zur eventuellen Züchtigung vor der Hinrichtung. Schon in frühester Zeit war es aber nicht mehr erlaubt, römische Bürger auch nur zu schlagen.

130,3 Wieder ist Livius ungenau. Das Mädchen war ja nicht angeklagt, also kann ihr Erscheinen nicht Gegenstand der Verhandlung sein. Icilius müßte dafür bürgen, daß sie nicht verschwindet.

134,14 Ein Heiligtum mit zwei Statuen der Venus an der Stelle, wo die Cloaca Maxima das Forum erreicht. Die weiteren Einzelheiten sind umstritten.

136,26 Die Änderung von *atque* in *postquam* ist für mich nicht ganz so überzeugend wie Ogilvie es darlegt, gibt jedoch von allen Varianten den bestmöglichen Sinn. Die Änderung von *agitatus* (so die Handschriften) zu *agitatis* ist unbestritten.

142,15 Livius schildert den weiteren Verlauf recht ausführlich. Es geschah etwa folgendes: Die Sabiner machen einen Aufstand. Icilius läßt auch 10 Tribunen wählen und zieht mit Truppen in Rom (!) ein und geht auf den Aventin; aus den 20 Tribunen werden zwei Führer gewählt. Im Senat wird gestritten. Das Volk, von Duilius getrieben, zieht wieder aus der Stadt auf den Mons Sacer, nur ein paar alte Leute bleiben. Valerius und Horatius gehen auf den Aventin und verhandeln mit dem Volk. Appius und die andern Dezemvirn verzichten auf ihr Amt. Dem Volk wird Amnestie erteilt, das Volk kehrt zurück; neue Volkstribunen und neue Konsuln werden gewählt; ein neues Gesetz verlangt, daß es kein Amt ohne Provokationsrecht gibt. – Der Fall Appius-Verginius wird wieder aufgerollt: Verginius wird zum Ankläger, Appius zum Angeklagten, der vom neuen Recht Gebrauch machen will. Trotzdem wird er festgenommen; im Gefängnis begeht er Selbstmord. Sein Helfer Claudius wird in die Verbannung geschickt.

142,19 eine Formulierung, die an den vergilischen Aeneas erinnert und vielleicht schon auf Ennius zurückgeht.

142,21 M. Furius Camillus ist in gleichem Maße von Legenden umwoben wie er politische Bedeutung in seiner Zeit besaß. Als gesichert gelten folgende Daten (nach H. G. Gundel, in: Der kleine Pauly, Bd. 1 Sp. 1030): 403 v. Chr. *censor*; dann 401, 398, 394, 386, 384, 381 jeweils *tribunus militum consulari potestate*, d. h. Beamter mit konsularischen Vollmachten, aber ohne Triumphalrecht, ohne konsularische Ehren nach der Amtszeit und mit mehreren Kollegen. Dieses Amt war notwendig geworden, als für die zu führenden Kriege die ordentlichen Konsuln nicht genügten, wurde aber mit der Errichtung der Prätur überflüssig (376 v. Chr.). Die Diktatur zur Zeit der Eroberung von Veji (396) dürfte historisch sein, doch sind alle fünf Diktaturen umstritten. Vermutlich später erfunden ist die Geschichte mit Brennus, weiter die Erzählung über seinen Prozeß und seinen angeblichen Pesttod. Die eindrucksvolle Rede des Camillus, die bei Livius den Abschluß des 5. Buches bildet und hier nicht aufgenommen werden konnte, setzt des Camillus Bild gegen das des Romulus, dem der Anfang des 1. Buches gewidmet war. (s. dazu E. Burck, in Wege zu Livius S. 310ff.).

152,16 In dieser Form ist sie eine römische Gottheit. Juno war aber mit Sicherheit erst von Etrurien her (wie im Text beschrieben) nach Rom gekommen, dort *Iuno regina* genannt und zu einer bedeutenden Kultfigur geworden. Das Einfügen in die bestehenden zwei Kulte zur kapitolinischen Trias (Jupiter, Juno, Minerva) dürfte römisches Gedankengut sein, doch Juno war schon lange vorher auch Stadtbeschützerin in etruskischen und italischen Städten. (W. Eisenhut, in: Der kleine Pauly, Bd. 2 Sp. 1563f.).

152,37 In den Prophetien der etruskischen Theologie hatte der ganze Ablauf der Etrusker-Geschichte vorbestimmte Bahnen. Die Aufgabe der so blühenden Stadt Veji hatten die Römer weniger ihrer Tüchtigkeit als diesem Schicksalsglauben zu verdanken.

154,13 Während der *supplicatio*, ursprünglich wohl nur einen Tag lang, standen Tempelbezirke für jedermann offen, damit Weihrauchopfer u. a. vollzogen werden konnten. Die Dauer dieser mehr und mehr profanierten Festtage hatte sich im Lauf der Geschichte weiter gesteigert, so z. B. für Cäsar erst 15, dann 20 Tage (BG.2.35.4/7.90.8), für Augustus sogar einmal 50 Tage (Volkmann, res g.d.A., de Gruyter 1969, S. 16).

154,19 Die Stelle ist schwierig. Livius berichtet hier etwas, was gar nicht stattgefunden haben kann: Die Verwendung von Schimmeln im Triumphzug ist von Cäsar eingeführt worden. Überhaupt scheint die Darstellung dieses Triumphes im Lauf der Zeit aufgebauscht worden zu sein. Die besondere Beziehung zu Jupiter bestand schon sehr früh durch die spezielle Kleidung (*tunica palmata*. s. W. Ehlers, RE 2. Reihe, 13. Halbbd. Sp. 493 f.) und durch den Zweck eines Triumphes, nämlich das Einlösen der *vota* auf dem Kapitol. Auf dem Tempel des Iuppiter Capitolinus stand ein Viergespann, eine Arbeit eines Vejentischen Künstlers. Es ist anzunehmen, daß dieser Umstand die Darstellungsweise, die auch Livius hier bietet, hervorgerufen hat. Vgl. auch Plut. Popl. 13 / Plin. n. h. 8. 161 / Cic. div. 1. 100 / Liv. 5. 15. 2. / Plut. Cam. 3.

156,2 d. h. so, daß die Arme frei sind. Die Ausdrucksweise scheint in der augusteischen Literatur besonders beliebt zu sein.

158,22 *Carmenta / Carmentis*: zur Mutter des Euander gemacht; sie hatte deswegen am Fuße des Kapitols ein Heiligtum.

160,17 ein halbes römisches Pfund ist 163 g; einem *quartarius* entspricht 0,137 Liter, also etwa einem Achtel.

164,1 nach römischem Maß, umgerechnet 326 kg.

168,15 also im Jahre 361 nach der Annalisten-Tradition.

168,32 Ein Vorgehen, das schon andere Historiker angewandt hatten, z. B. Valerius Antias (Klingner S. 473). Vgl. auch Liv. 23. 24. 3 f.

170,30 Sein Vater, der die Gallier vom Kapitol gestürzt hatte, gebärdete sich später sehr hochmütig und wurde auf Betreiben der Volkstribunen zu Tode gestürzt, da er sich des Verdachts, nach der Königsmacht zu streben, nicht hatte befreien können (Liv. 7. 4–5).

170,37 Das spanische Schwert wurde dann gegen Ende des 3. Jh. v. Chr. im römischen Heer für alle eingeführt. Es war eher kurz (Klinge 60–70 cm lang), zweischneidig und stabil; das früher verwendete Schwert dürfte dünner und geschmeidiger gewesen sein. Vgl. Polyb. 6. 23.

172,31 Der *torques*, ein Schmuckstück in der Form eines mehrfach gewundenen Seilstücks, dessen Enden gegeneinander gebogen sind, so daß eine Kreisform entsteht, galt den Römern als typisch gallisch, doch kam diese Form auch bei andern Völkern vor (W. Gross, in: Der Kleine Pauly, Bd. 5 Sp. 890). In späterer Zeit ist *torques* auch im römischen Heer eine militärische Auszeichnung, wie CIL I(2) 709 p. 714 zeigt (von 89 v. Chr.).

172,38 Von der Wortbildung her «der mit einer Kette Versehene», vergleichbar mit Pil-atus oder Hast-atus.

176,34 Hier siegten die Römer entscheidend über die Latiner 496 v. Chr.